교과서로 떠나는

유럽
여행

교과서로 떠나는
유럽 여행

1판 1쇄 발행 2025년 6월 16일
1판 2쇄 발행 2025년 11월 3일

지은이 남화정
기획·편집 김지수
디자인 어나더페이퍼
일러스트 이지유, 남화정
교정교열 박성숙, 송지영
인쇄 미래피앤피
용지 월드페이퍼

펴낸이 김지수
펴낸곳 클로브
출판등록 제2023-000001호
주소 서울시 중구 세종대로72 대영빌딩 907호
전화 070-8094-0214 **팩스** 02-2179-8427
이메일 clovebooks@naver.com
인스타그램 @clove.books

ⓒ 남화정, 2025
ISBN 979-11-988703-4-6 73920

이 서적 내에 사용된 일부 작품은 SACK을 통해 ADAGP와 저작권 계약을 맺은 것입니다.
저작권법에 의하여 한국 내에서 보호를 받는 저작물이므로 무단 전재 및 복제를 금합니다.

- 이 책은 저작권법에 의해 보호받는 저작물이므로 무단 전재와 무단 복제를 금합니다.
- 잘못된 책은 구입처에서 교환해드립니다.
- 책값은 뒤표지에 있습니다.

어린이제품안전특별법에 의한 제품표시
제조자명 클로브 **제조국명** 대한민국 **사용연령** 만 8세 이상 어린이 제품

교과서로 떠나는
유럽
여행

유럽에서
배우는
세계
역사와
문화

———

남화정
지음

↓ clove

머리말

　교과서 속에 등장하는 이름들을 외우기만 한 시간이 있었습니다. 시험이 끝나면 금세 잊어버리는 공부였어요. 책 속 인물과 장소는 그저 먼 세상의 이야기였고, 공부는 좋은 점수를 받기 위한 수단에 불과했지요. 그런데 영국에 살면서 공부에 대해 다시 생각해 볼 수 있었습니다. 오래된 건축물과 거리, 예술 작품을 눈앞에서 만나다 보니 더 알고 싶다는 마음이 저절로 생겨났어요. 공부는 머리에 쌓는 지식일 뿐만 아니라 마음에 닿는 경험이기도 하다는 걸 알게 되었지요.

　유럽의 시간은 우리나라에 비해 조금은 느린 속도로 흘러가는 느낌이 듭니다. 유행처럼 빠르게 지나가는 것들은 걸러지고, 시간이 흘러도 변함없는 고전의 가치가 사람들의 곁에 머물러 있습니다. 이 책을 읽는 여러분도 유럽의 다양한 장소에서 들려주는 오래된 이야기에 귀를 기울여 보세요. 그리고 각자 마음 깊은 곳에서 오래 머무는 무언가를 찾아보세요. 그런 마음 하나가 삶의 방향이 되어 줄 수 있으니까요.

세상에는 책만으로는 배울 수 없는 것들이 있습니다. 책을 읽고, 길을 나서서 여행하고, 느끼고, 그 안에서 스스로 좋아하는 것을 알아가는 사람이 되기를 바랍니다. 스스로 발견한 배움은 마음속에서 작은 씨앗이 되어 언젠가 깊고 넓은 숲으로 자라난답니다.

이 책이 나오기까지, 고마운 얼굴들이 자꾸 떠오릅니다. 처음이자 오래 남을 김지수 편집자님, 여행과 이야기의 문을 열어 준 나연, 막연한 마음에 빛을 비춘 정원 언니, '할 수 있다'는 마음 쥐어 준 지현, 아픈 날 엘라 곁에 있어 준 동생네, 마음을 단단하게 해 주는 양가 부모님, 함께 걷는 길이 여행이 되게 해 준 신랑, 그리고 책을 쓰고 싶게 만든 첫 독자, 엘라. 그 밖의 모든 이름들까지, 이 글로 마음을 보탭니다.

남화정

차례

머리말 4

1 역사 아주 아주 오래된 이야기를 들려 줄게!

거대한 돌의 비밀 **스톤헨지** · 영국, 솔즈베리	16
파르테논 신전이 있어야 할 곳 **파르테논 신전** · 그리스, 아테네	20
콜로세움에 흐르던 피의 역사 **콜로세움** · 이탈리아, 로마	24
2000년 전의 공중목욕탕 **로만 바스** · 영국, 바스	28
바이킹이 우리에게 남긴 것들 **린디스판 수도원** · 영국, 홀리 아일랜드	32
노블레스 오블리주의 시작 **유로 터널** · 영국, 포크스톤 · 프랑스, 코켈	38
양고기에 얽힌 역사 **아이빙호 비컨** · 영국, 레이턴 버저드	42
세계 시간의 중심 **그리니치 천문대** · 영국, 런던	46
비운의 왕비, 마리 앙투아네트 **콩시에르주리** · 프랑스, 파리	50
산업 혁명이 남긴 아픔 **과학 산업 박물관** · 영국, 맨체스터	56
미치광이 왕의 아름다운 성 **노이슈반슈타인성** · 독일, 슈반가우	60
그림자 속의 기억 **작센하우젠 수용소** · 독일, 오라니엔부르크	64
나라를 위한 희생 **노르망디 미군 묘지** · 프랑스, 콜빌 쉬르 메르	68
헤밍웨이의 단골 서점 **셰익스피어 앤 컴퍼니** · 프랑스, 파리	72
✽ 유럽의 다양한 요리를 소개해요! **프랑스 & 영국**	76

2 예술 아름다움이란 무엇일까?

세계에서 가장 큰 박물관 **루브르 박물관** · 프랑스, 파리	85
진정한 아름다움을 찾은 로댕 **로댕 미술관** · 프랑스, 파리	90
고흐의 감정이 담긴 노란 빛 **에스파스 반 고흐** · 프랑스, 아를	96
모네의 빛과 그림자 **클로드 모네의 정원** · 프랑스, 지베르니	102
미켈란젤로의 천지창조 **바티칸 미술관** · 바티칸	106
절망 끝에 남은 그림 **뭉크 미술관** · 노르웨이, 오슬로	110
상상으로 만든 새로운 세상 **마그리트 미술관** · 벨기에, 브뤼셀	116
아이들에게 예술이 필요한 이유 **사우스 런던 갤러리** · 영국, 런던	120
특별한 공간을 만드는 의자 **비트라 디자인 미술관** · 독일, 바일 암 라인	124
무대 위에 펼쳐지는 또 다른 세상 **아폴로 빅토리아 극장** · 영국, 런던	130
고통을 예술로 치유한 예술가 **스톡홀름 현대 미술관** · 스웨덴, 스톡홀름	134
건축가의 집 **알바 알토 하우스와 스튜디오** · 핀란드, 헬싱키	138
아름다움을 나누고 싶은 꿈 **테이트 브리튼** · 영국, 런던	142
도시를 변화시키는 건축 **댄싱 하우스 호텔** · 체코, 프라하	146
세계 음악의 수도 **빈 국립 오페라 극장** · 오스트리아, 빈	150
✹ 유럽의 다양한 요리를 소개해요! **이탈리아 & 그리스**	154

3 자연 때로는 귀엽고 때로는 엄청나!

- 세계에서 가장 오래된 소금 광산 **할슈타트 소금 광산** · 오스트리아, 할슈타트   162
- 야생의 핑크 플라밍고 **퐁드고 조류 공원** · 프랑스, 생트마리드라메르   166
- 스코틀랜드의 캐시미어 **아일랜드 앳 디 에지** · 영국, 스카이섬   172
- 햇볕 쬐는 물개들 **호시 갭** · 영국, 호시   176
- 고래에 대해 우리가 알아야 할 것들 **트롬쇠 고래 투어** · 노르웨이, 트롬쇠   180
- 고기가 아닌 소를 생각해 보기 **피르스트** · 스위스, 그린델발트   184
- 온천수의 마법 쇼 **스트로쿠르 간헐천** · 아이슬란드, 셀포스   188
- 산을 오르는 이유 **샤모니 몽블랑** · 프랑스, 샤모니 몽블랑   192
- 겨울왕국의 나라 **트롬쇠 북극 순록 농장** · 노르웨이, 트롬쇠   196
- 용감한 썰매 개 **트롬쇠 야생 센터** · 노르웨이, 트롬쇠   200
- 얼음의 땅 아이슬란드 **요쿨살론 빙하 보트 투어** · 아이슬란드, 회픈   204
- 이글루가 따뜻한 이유 **아틱 폭스 이글루** · 핀란드, 라우나   210
- ✱ 유럽의 다양한 요리를 소개해요! **스페인 & 벨기에**   214

4 인물 한 사람의 도전이 세상을 바꿀 수 있을까?

- 도전 정신이 만들어 낸 환상의 세계 **디즈니랜드 파리** · 프랑스, 쿠브레   222
- 진화론을 발표한 찰스 다윈 **다운 하우스** · 영국, 오핑턴   226
- 메리 애닝과 화석 발굴 **키머리지만** · 영국, 웨어햄   230
- 독일군 암호를 해독한 앨런 튜링 **런던 과학 박물관** · 영국, 런던   234
- 영국 10파운드 지폐의 주인공 **제인 오스틴 하우스** · 영국, 알톤   238

장애가 장애가 되지 않는 나라 **케임브리지 펀팅** · 영국, 케임브리지 242

해가 지지 않는 나라의 여왕 **빅토리아 앨버트 박물관** · 영국, 런던 248

피터 래빗의 숲속 마을 **힐탑** · 영국, 앰블사이드 252

노벨상의 의미 **스톡홀름 시청·오슬로 시청** · 스웨덴, 스톡홀름·노르웨이 258
오슬로

조용한 창문 너머, 안네의 이야기 **안네 프랑크의 집** · 네덜란드, 암스 262
테르담

건축의 거장 가우디 **사그라다 파밀리아** · 스페인, 바르셀로나 266

이야기 마법사 조앤 롤링 **글렌피넌 고가교** · 영국, 글렌피넌 270

✸ 유럽의 다양한 요리를 소개해요! **스웨덴 & 스위스** 274

문화 달라서 더 재밌는 지구 반대편의 일상

도레미 노래가 시작된 언덕 **베르펜 언덕** · 오스트리아, 잘츠부르크 280

패딩턴에게 배우는 친절 **패딩턴역** · 영국, 런던 284

신비한 전설의 바위 **올드 맨 오브 스토르** · 영국, 포트리 288

모두의 놀이터가 된 도서관 **헬싱키 중앙 도서관 오디** · 핀란드, 헬싱키 292

런던을 구경하는 가장 좋은 방법 **런던 교통 박물관** · 영국, 런던 296

아우토반을 달리는 꿈 **BMW 박물관** · 독일, 뮌헨 300

천천히 달리는 미래 **코펜하겐 중앙역 자전거 주차장** · 덴마크, 코펜하겐 304

축구를 좋아한다면 한 번쯤 영국으로 **토트넘 홋스퍼 스타디움** · 영국, 308
런던

추운 겨울 따뜻한 크리스마스 **스트라스부르 크리스마스 마켓** · 프랑 312
스, 스트라스부르

✸ 유럽의 다양한 요리를 소개해요! **독일 & 오스트리아** 316

사진 및 도판 출처 320

이 책을 보는 방법

이 책은 역사적 사실뿐만 아니라 오래전부터 전해 내려오는 이야기들을 함께 엮어 그 시대의 사람들과 장소를 더욱 생생하게 만나볼 수 있도록 구성했어요. 직접 방문해서 찍은 생동감 있는 사진을 보며 여행하는 기분도 느낄 수 있지요. 함께 보면 좋을 책과 영화, 유럽 곳곳의 요리까지 즐길 거리가 가득하답니다.

여행지의 주소입니다.
구글 지도 등에 검색해서 실제 위치를 찾아 볼 수 있어요.

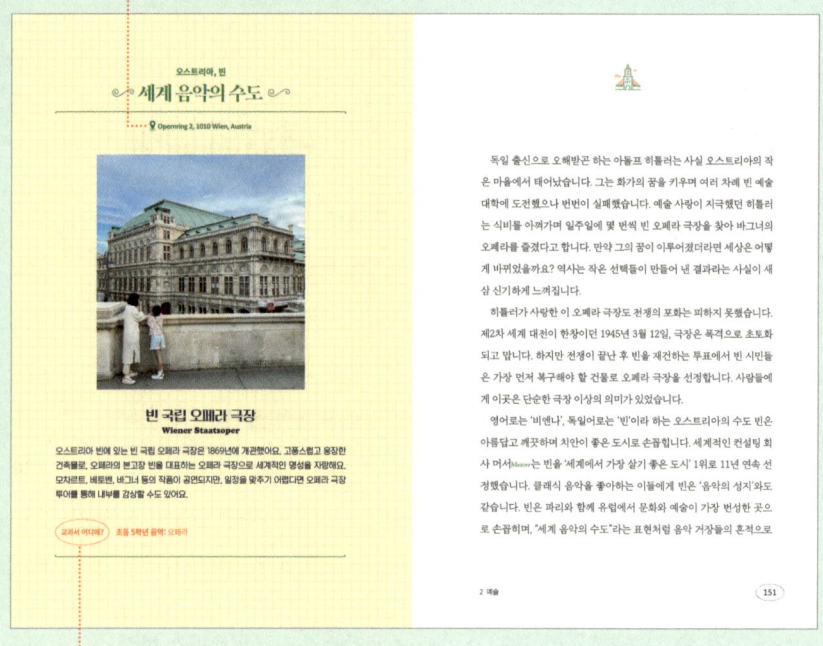

교과서 어디에?
여행지와 연관된 초·중·고 교과서의 키워드를 표시했어요. 책에서 읽은 내용을 교과서에서 발견하면 반갑기도 하고 기억에도 더 오래 남겠죠?

소개하는 장소의 이야기와 연결해서
더 읽어 보면 좋을 책이나 영화를 소개했어요.
절판되어 서점에서는 살 수 없는 책은
도서관에서 찾아 볼 수 있습니다.
'12세 관람 가' 영화는 어른과 꼭 함께 보아요.

 원서로도 읽어 보면 좋은 책은
원서 제목을 함께 적었어요.

★★★

추천하는 책의 난이도

★ 　1~2학년이 쉽게 읽을 수 있는 책(원서는 AR 1~2).
　　고학년 학생이나 어른들이 봐도 좋을 멋진 그림책입니다.

★★ 　3~4학년이 쉽게 읽을 수 있는 책(원서는 AR 3~4).

★★★ 　5~6학년이 쉽게 읽을 수 있는 책(원서는 AR 5~6).

이 책을 보는 방법

① 역사

아주 아주 오래된 이야기를 들려 줄게!

영국, 솔즈베리
거대한 돌의 비밀

📍 Salisbury SP4 7DE, UK

스톤헨지
Stonehenge

영국의 솔즈베리 평원에는 스톤헨지라는 수수께끼 같은 존재가 있습니다. 거대한 돌들이 둥글게 배열된 유적으로, 세계에서 가장 유명한 선사 시대 건축물 중 하나로 손꼽힙니다. 우리나라에 남아 있는 고인돌과 비슷하지만 규모가 더 크고, 아직 정확한 용도는 밝혀지지 않았어요.

교과서 어디에? **초등 6학년 과학:** 지구의 자전
초등 6학년 미술: 핼러윈 축제

스톤헨지의 돌은 이곳에서 약 200km 떨어진 웨일스에서 가져왔다고 알려졌지만 최근 연구에서는 750km 떨어진 스코틀랜드에서 가져왔다는 사실이 밝혀지기도 했습니다. 무게가 6t에 달하는 커다란 돌을 신석기 시대에 어떻게 이렇듯 멀리까지 운반했는지는 여전히 물음표로 남아 있지요.

　스톤헨지는 상상하기를 좋아하는 영국인들에게 흥미로운 소재였을 것입니다. 그래서인지 스톤헨지에 얽힌 이야기가 다양하게 전해집니다. 그중 대표적인 네 가지 이야기를 소개할게요.

　첫째, 스톤헨지가 고대 비밀 종교의 은밀한 모임 장소였다는 이야기입니다. 유럽 전역에 퍼져 살던 유목 민족인 켈트족은 영국으로 와서 정착했는데, 이들의 달력에서 가장 마지막 날은 10월 31일이었습니다. 이날을 산 자와 죽은 자의 세계가 만나는 날로 여겨 기이한 옷차림으로 마을을 돌아다니며 한 사람을 죽음의 신에게 제물로 바쳤다고 합니다. 이 의식은 드루이드교라는 종교에서 비롯되었으며, 이것이 현재 핼러윈으로 이어졌습니다. 드루이드교는 제물을 바친 장소가 스톤헨지이고 스톤헨지를 자신들이 세웠다고 주장하며 지금까지도 매년 기념행사를 하고 있습니다. 그러나 일반적으로는 이미 세워진 스톤헨지를 드루이드교에서 활용했다고 추정하고 있습니다.

둘째, 1136년에 《브리튼 왕들의 역사》라는 책을 쓴 수도사 제프리 오브 몬머스는 마법사 멀린이 아일랜드에서 가져온 돌을 쌓아 왕의 무덤으로 만든 것이 스톤헨지라고 주장했습니다. 돌이 아일랜드에서 온 것은 아니라는 점은 밝혀졌지만 어떻게 운반되었는지는 아직 미스터리로 남아 있기 때문에 스톤헨지 가운데 다른 세계로 통하는 문이 있다거나 밤이 되면 돌이 움직인다거나 하는 괴상한 이야기도 전해집니다.

셋째, 스톤헨지가 고대 사람들에게 시계이자 달력 역할을 했다는 추측도 있습니다. 낮에는 태양의 움직임에 따라 달라지는 돌의 그림자를 관찰해 1년을 계산하고, 밤에는 달의 모양 변화와 밝기를 통해 하루와 한 달을 파악했다는 것이지요. 특히 낮이 가장 긴 날인 하지에는 태양이 특정한 돌 뒤에서 떠올라 그 빛이 스톤헨지 중심부를 비추는 장면이 연출됩니다. 이는 스톤헨지가 천문학과 밀접한 관련이 있다는 중요한 증거로 여겨지며, 이 신비로운 일출을 보기 위해 많은 사람이 이곳을 찾습니다.

넷째, 스톤헨지는 간단한 도구와 기술만을 활용해 세운 건축 공학의 기원으로 꼽힙니다. 조사해 보니 실제로 다양한 석재 가공 방법이 사용되었다고 합니다. 특히 길게 세운 두 개의 돌 위에 가로로 놓은 돌은 튀어나온 돌기와 구멍을 사용해 레고 블록처럼 끼웠는데, 다른 선사 시대 유적에서는 볼 수 없는 혁신적인 방식입니다.

스톤헨지에 아직 알려지지 않은 비밀이 더 있을까요? 스톤헨지를 만든 이들이 4000년이 지난 지금까지도 그 자리에 그대로 서 있는 스톤헨지를 바라보며 감탄하는 우리의 모습을 본다면 어떤 생각을 할까요?

 더 깊이 보기

스톤헨지의 비밀
믹 매닝 지음 / 소년한길 / ★★

스톤헨지의 비밀을 풀기 위한 여정을 담은 책으로, 마법사 멀린이나 외계인과의 연관성에 대한 추측이 미스터리하게 담겨 있습니다.

The Secrets of Stonehenge Mick Manning / Frances Lincoln / ★★

위대한 건축물들
질리언 클레먼츠 지음 / 미래아이 / ★★★

세계적 건축물인 스톤헨지부터 현대의 초고층 빌딩까지 놀라운 건축물들의 역사를 쉽게 소개하며, 각 건축물의 특징과 함께 알려지지 않은 이야기까지 자세히 다룹니다.

그리스, 아테네
~ 파르테논 신전이 있어야 할 곳 ~

📍 Athens 105 58, Greece

파르테논 신전
Parthenon

그리스 아테네의 아크로폴리스 언덕에는 파르테논 신전이 우뚝 서 있습니다. 기원전 5세기에 지은 이 신전은 지혜와 전쟁의 여신 아테나를 모시기 위해 건축했습니다. 기둥이 가지런히 늘어선 모습은 고대 그리스 건축의 정수를 보여 줍니다. 오랜 세월 동안 전쟁과 자연재해로 훼손되었지만, 여전히 인류의 위대한 문화유산으로 남아 있습니다.

(교과서 어디에?) 중학교 역사 ① : 마라톤 전투의 진실, 파르테논 신전

세계 문화유산을 선정하고 보존하는 국제기구 유네스코Unesco의 로고는 파르테논 신전을 본떠 만들었습니다. 유네스코가 최초로 선정한 세계 유산이 아테네에 있는 고대 그리스의 도시 아크로폴리스이고, 그곳에 파르테논 신전이 있습니다. 아크로폴리스는 그리스어로 '높은'을 의미하는 아크론과 '도시'를 뜻하는 폴리스를 결합한 단어입니다. 150m 높이의 언덕에 자리해 아테네 어디서나 볼 수 있는데, 적의 공격, 특히 강대국인 페르시아의 공격을 방어하기 위해 높은 곳에 조성했다고 합니다.

　파르테논 신전은 마라톤 전투에서 승리한 기념으로 아테네의 수호 여신인 아테나에게 바친 최고의 제물이었습니다. 마라톤 전투는 마라톤이라는 도시에서 벌어진 아테네와 페르시아 간의 전투로, 페르시아군의 수가 수십 배 많았지만 아테네가 승리했습니다. 그때 한 병사가 아테네까지 쉬지 않고 뛰어가 승리 소식을 알린 뒤 죽었다고 전해집니다. 이 병사를 기리기 위해 그가 달려온 거리인 42.195km를 뛰는 마라톤 경기가 시작되었습니다.

　아테네 시민들은 더 이상 전쟁의 열풍에 휩싸이지 않기를 소망하며 신전을 건설했습니다. 그러나 15세기 오스만 제국에 점령당하면서 이슬람 사원으로 사용되기도 했고, 화약 폭발, 지진, 산성비 등으로 피해를 입으며 예전의 모습을 상실했습니다. 기둥 위의 프리즈 장식 조각의 절반은

영국 대영 박물관.

고대 미술품에 관심이 많았던 영국인 엘긴이 가져가 버렸지요. 영국의 시인 바이런은 《차일드 해럴드의 순례》에서 파르테논 신전을 보고 느낀 슬픔을 시로 표현했습니다.

"이것을 보고 울지 않는 자, 어리석어라. 너의 벽은 마멸되고, 허물어진 신전은 빼앗겼다. 이 유적을 보호해야 할 영국인들 손에. 다시는 회복될 수 없으리라. … 너의 쓰러진 신들은 북쪽의 증오스런 나라로 끌려갔도다."

1799년 그리스가 오스만 제국의 통치를 받고 있던 때, 영국 대사로 그리스에 발령된 엘긴은 파르테논 신전을 보고 순식간에 매료되었습니다. 오스만 제국은 다른 나라의 신전에 큰 관심이 없어 방치해 두었는데, 엘긴은 이를 기회로 삼아 오스만 제국의 허가를 받고 파르테논 신전의 조각들을 영국으로 옮기기 시작했지요. 1801년부터 약 12년에 걸쳐 총 253점의 조각품을, 우아하고 정교한 예술품만 선별해서 가져갔습니다. 이로 인해 엘긴의 이름을 따서 문화적 약탈을 뜻하는 '엘기니즘'이라는 용어가 생겨났으며, 이를 합리화하는 행위를 '엘긴의 변명'이라고 합니다.

엘긴은 그리스 양식으로 집을 꾸미려 했으나 조각품을 옮기는 데 비용을 많이 써 버려 파산하고 말았고, 빚까지 지자 모든 조각품을 영국 정부에 반값에 팔았습니다. 그 후 원래 이름인 '파르테논 마블스'가 아닌 훼손한 사람의 이름인 '엘긴 마블스'로 대영 박물관에서 전시 중입니다.

1832년, 오스만 제국으로부터 독립한 그리스는 파르테논 조각품을 회수하기 위해 애를 썼습니다. 그러나 영국은 단순히 그리스의 소유물이 아니라 세계 공동의 문화유산이라며, 최고 기술을 갖춘 영국 박물관에서 관리하는 것이 좋다고 주장했지요. 하나둘 돌려주다 보면 대영 박물관에 있는 다른 나라의 문화재도 다 본국으로 돌려줘야 하기 때문에 이런 주장을 한다고 해석하기도 합니다. 엘긴 마블스는 현재처럼 영국의 대영 박물관에 보관하는 것이 타당할까요, 아니면 본래 고향인 그리스 아테네로 반환되어야 할까요?

더 깊이 보기

건축의 발달: 튼튼한 집을 짓자!
박병철 지음 / 휴먼어린이 / ★

건축의 발달 과정을 살펴보는 이 책은 피라미드부터 파르테논 신전, 콜로세움, 피사의 사탑 그리고 에펠탑과 같은 유명한 건축물들에 숨겨진 과학 원리를 탐구합니다.

불가사의 세계 문화유산 수수께끼
조영경 지음 / 채우리 / ★★

동서양의 세계 문화유산을 재미있는 수수께끼로 풀어갑니다.

What's Inside?
Giles Laroche / Houghton Mifflin / ★★★

그리스 파르테논 신전부터 뉴욕의 구겐하임 전시관까지 총 14개의 건축물 내부와 외부 모습을 자세히 소개합니다.

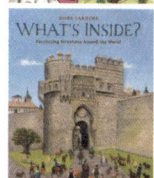

이탈리아, 로마

콜로세움에 흐르던 피의 역사

📍 Piazza del Colosseo, 00184 Rome, Italy

콜로세움
Colosseum

이탈리아 로마에 있는 거대한 원형 경기장으로, 약 2000년 전에 건설되었습니다. 고대 로마 시대 검투사들의 전투와 각종 공연이 열렸으며, 한때 5만 명 이상을 수용할 수 있었습니다. 일부가 훼손되었지만, 여전히 웅장한 모습으로 관광객을 맞이합니다.

교과서 어디에?   중학교 역사 ① : 콜로세움, 수도교

트레비Trevi 분수는 로마를 여행하는 사람이라면 꼭 들르는 관광 명소입니다. '트레비'라는 이름은 숫자 3을 뜻하는 'tre'와 길을 의미하는 'vie'의 합성어로 '세 갈래의 길'이 만나는 것을 의미하지요. 1953년에 상영된 영화 〈로마의 휴일〉에서 여주인공 오드리 헵번이 분수에 동전을 던지며 소원을 비는 장면은 이 분수를 세계적인 명소로 만들었습니다. 하루에 약 4400유로, 대략 630만 원에 달하는 동전이 모여 한 해 동안 쌓인 동전만 23억 원 정도라고 하니 놀랍지요?

트레비 분수를 포함해 로마에는 특히 분수가 많습니다. 로마는 기원 전후에 이미 인구 100만 명의 대도시로 성장해 수도와 하수도 시설을 구축했습니다. 그 시기, 트레비 분수에서 13km나 떨어진 산악 지역에서 물을 끌어오는 긴 수로를 만들어 깨끗한 물을 공급했습니다. 이 수로는 주로 땅속을 따라 흐르며, 곳곳에서 분수를 통해 물이 흘러나오도록 설계되었습니다. 로마에 분수가 많은 이유도 이렇게 물을 끌어오는 시설이 잘되어 있었기 때문입니다. 고대 그리스 지리학자인 스트라본은 로마의 수도 시설을 보고 "집집마다 저수탱크와 물파이프, 분수를 설치해 놓았으니 그저 놀라울 따름이다"라고 극찬했습니다.

그런데 모든 로마인이 이런 환경에서 살았을까요? 로마는 자유인이지만 부잣집 노예보다 더 어려운 처지인 가난한 사람들이 거리를 가득 메우고 있었습니다. 이들은 상수도 시설이 전혀 없는 다세대 주택에 거주하며, 마실 물을 얻기 위해 건물 밖 가까운 분수로 가서 물을 길어오곤 했습니다. 그리고 꼭대기 층에 사는 사람들은 하루에 여러 차례 계단을 오르내리며 물을 가져와야 했고, 사용한 물과 오물은 계단으로 들고 내려가서 건물 주변 적당한 곳에 버리곤 했지요.

트레비 분수.

원형 경기장 콜로세움에는 물 대신 피가 흘렀습니다. 검투사끼리의 싸움뿐 아니라 맹수와 싸우는 무대도 열렸습니다. 이런 잔인한 장면은 사람들의 관심을 끌었고, 사람들이 나라의 문제를 생각하지 않도록 이용되기도 했습니다. 하루에 수천 마리의 동물이 죽었다는 기록도 있습니다.

놀라운 건 이 모든 일이 '재미'를 위한 것이었다는 점입니다. 사람들은 피를 보며 짜릿함을 느꼈습니다. 경기가 끝나면 가난한 사람들은 물도 제대로 나오지 않는 집으로 돌아갔습니다.

싸움에서 목숨을 잃은 사람들과 동물들은 뒤처리조차 제대로 되지 않은 채 방치되곤 했습니다. 긴 세월이 흐른 뒤, 고고학자들은 그런 흔적들을 여러 곳에서 발견했습니다. 모두가 즐겁다고 믿었던 그 순간, 누군가는 목숨을 잃고 있었지요.

 더 깊이 보기

어린이 로마인 이야기
믹 매닝 지음 / 소년한길 / ★★

로마 제국 사람들의 생활을 다룬 책으로, 콜로세움에서 검투사 경기에 열광하며 고대 로마 제국의 세계로 빠져들게 합니다.

Roman Fort Mich Manning / Frances Lincoln / ★★★

베드타임 스토리
2009년 / 미국 / 전체 관람 가

어느 날 갑자기 당신이 벤허의 주인공이 되어 거대한 콜로세움을 달리고, 우주의 무중력 공간에서 싸우는 전사가 됩니다. 상상력을 자극하는 베드타임 스토리가 현실로 이루어지는 이야기입니다.

영국, 바스
2000년 전의 공중목욕탕

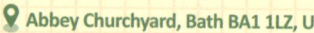

📍 Abbey Churchyard, Bath BA1 1LZ, UK

로만 바스
The Roman Baths

로만 바스는 영국에서 유일하게 천연 온천수가 솟아나는 온천 휴양 도시입니다. 여행자들은 공중목욕탕의 원조 격인 2000년 전의 고대 로마 제국 온천탕을 보기 위해 로만 바스 뮤지엄을 방문합니다. 왕족과 귀족의 별장이었던 거대한 초승달 모양의 로열 크레센트, 16세기 수도원을 배경으로 열리는 크리스마스 마켓, 영화 〈레미제라블〉의 촬영지인 풀트니 다리도 놓치지 말아야 할 명소입니다.

교과서 어디에? 중학교 역사 ①: 로마의 제국 통치와 실용적인 건축 문화유럽을 여행하다 보면 곳곳에서 고대 로마인들의 흔적을 발견할 수 있습니다. 예를 들면 프랑스 남부의 아를과 님에는 원형 경기장을 비롯한 로마 시대 유적이 많이 남아 있지요. 영국을 뜻하는 '그레이트 브리튼Great Britain'에서 브리튼은 로마인들이 영국을 지칭하던 라틴어 브리타니아Britannia에서 유래했으며, 런던은 로마가 세운 도시 론디니움Londinium에서 이름을 따왔습니다. 목욕을 뜻하는 배스Bath의 어원이 된 도시 바스 역시 로마와 관련이 있습니다.
 유럽은 로마 제국의 지배를 문화유산으로 평가하는 경우가 많습니다. 로마의 법률, 건축, 예술 등은 현대 유럽의 기초를 이루며, 유럽인들은 로마 유산을 자랑스럽게 여겨 이를 관광 자원으로 활용합니다. 독일의 역사학자 랑케는 "모든 고대 역사는 호수로 흘러 들어가는 강물처럼 로마의 역사로 흘러 들어갔고, 모든 근대 역사는 로마 역사로부터 흘러나왔다"라고 말했습니다. 그리스 문화를 이어받아 서양 문화의 중심축이 된 로마 제국이 역사 속에서 차지한 위치를 잘 나타내는 말입니다.
 로마인들이 영국 바스에 도착하기 전인 기원전 863년으로 거슬러 올라가 볼까요? 전설에 따르면, 셰익스피어의 《리어왕》에 등장하는 리어왕의 아버지 '블라두드Bladud'는 한센병에 걸려 왕국에서 추방되었습니다. 그는 돼지치기로 일하던 중 자신의 돼지들이 특정 온천의 뜨거운 진흙에 몸을 담그고 나서 피부병이 치유되는 것을 발견했습니다. 그는 자신도 같은 온천에 몸을 담가 보았고, 한센병이 치유되는 기적을 경험했지요. 이에 대한 감사의 마음으로 그는 온천이 있는 자리에 치유의 여신 '술리스'를 위한 신전을 세웠습니다.

로열 크레센트.

로마인들이 이곳을 점령했을 때, 그들은 이곳의 온천을 '술리스의 물'이라는 뜻으로 아쿠아에 술리스Aquae Sulis라 부르며 공중목욕탕으로 사용했습니다. 유럽 어디를 다녀 보아도 이곳만큼 로마식 온천이 온전하게 잘 보존된 곳은 찾기 어렵습니다. 1987년에 바스는 도시 전체가 세계 문화유산으로 등재되었습니다.

어떤 사람들은 휴양과 사교를 위해, 어떤 사람들은 질병의 치료를 바라며 이곳을 찾았습니다. 2000년의 세월이 흐른 지금, 그곳을 찾던 사람들은 모두 사라졌지만 여전히 온천수는 모락모락 따뜻한 김을 내며 솟아오릅니다.

더 깊이 보기

Usborne Beginners: Romans
Katie Daynes / Usborne / ★★
로마인들의 일상생활을 주택, 농장, 시장, 학교, 종교와 오락 형태 등 다양한 측면에서 설명합니다.

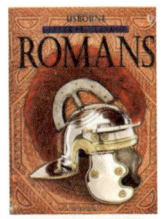

Regarding the Bathrooms
Kate Klise / Harcourt / ★★★
교장 선생님의 지하 욕실 개조 프로젝트 중 학교가 로마 시대 유적지 위에 세워졌다는 사실이 밝혀지면서 이야기가 전개됩니다.

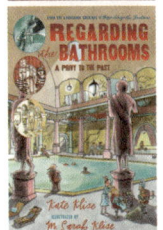

영국, 홀리 아일랜드
바이킹이 우리에게 남긴 것들

📍 Holy Island, TD15 2RX, UK

린디스판 수도원
Lindisfarne Priory

영국 노섬벌랜드의 작은 섬 린디스판에 위치한 수도원으로, 7세기경 세워졌습니다. 중세 기독교의 중심지였지만, 8세기에 바이킹의 침략을 받으며 쇠퇴했습니다. 지금은 폐허가 되었지만 유적 속에서 한때의 영광을 느낄 수 있습니다.

교과서 어디에? 초등 6학년 사회: 세계 음식과 환경

호텔 조식에는 컨티넨탈Continental Breakfast, 아메리칸American Breakfast, 잉글리시English Breakfast, 뷔페식이 있습니다. 컨티넨탈은 유럽 대륙식으로 조리되지 않은 가벼운 음식 위주이고, 아메리칸과 잉글리시는 베이컨, 소시지, 달걀 요리 등이 포함된 든든한 아침 식사입니다. 뷔페는 8~11세기에 배를 타고 무역이나 약탈을 하며 살아가던 바이킹들로부터 시작되었다고 합니다. 항해 중에는 제대로 된 식사를 즐기기 어려워 집으로 돌아왔을 때 다양한 음식을 탁자에 차려 놓고 마음껏 먹었다고 해요. 바이킹에 대해 좀 더 알아볼까요?

바이킹은 야만적인 해적의 모습으로 알려져 있지만 뛰어난 전략가이자 항해사이기도 했고, 그들의 문화는 현대 문화에 큰 영향을 끼쳤습니다. 바이킹 신화는 그리스 로마 신화만큼이나 우리와 의외로 가까운 곳에 있지요. 《백설 공주와 일곱 난쟁이》에서 난쟁이들은 광산에서 보석을 캐서 멋진 장신구를 만들었는데, 난쟁이의 모습은 실제로 바이킹 신화에서 영감을 받아 처음 그려진 것입니다. 여러 동화 속 요정이나 거인들도 마찬가지입니다.

영어에서 요일을 나타내는 단어에도 바이킹 신들의 이름이 숨어 있습니다. 화요일Tuesday은 전쟁의 신 티르Tyr의 날, 수요일Wednesday은 폭풍의 신 오딘Woden의 날, 목요일Thursday은 천둥과 벼락의 신 토르Thor의 날, 그리고 금요일Friday은 사랑의 신 프레이야Freyja의 날입니다.

바이킹 문화는 당시 유럽의 다른 국가와는 달리 여성의 인권 의식과 평등사상이 발달되어 있었습니다. 유럽에서는 여성들이 결혼할 때 지참금을 가져가야 했는데, 바이킹 사회에는 지참금 문화가 없어 여성들이 돈 때문에 결혼 시기를 걱정할 필요가 없었습니다. 여성들도 땅을 상속받거나 팔거나 기증할 수도 있었지요.

갈등과 다툼이 심해졌을 때는 싱thing에서 문제를 해결했습니다. 싱은 일종의 의회로서 마을 사람들이 모여 회의를 하고 의사 결정을 내리는 곳이었습니다. 아이슬란드나 덴마크 페로 제도는 법이나 관습, 규칙이 없었지만 바이킹들에 의해 고대 그리스보다 훨씬 더 민주적인 일상이 수백 년 동안 유지되었습니다.

신이나 왕과 같은 권위에 신경 쓰지 않고 실용적인 바이킹들에게 우리가 감사해야 하는 이유가 하나 있습니다. 린디스판을 통해 잉글랜드에 정착한 바이킹들이 영어에서 가장 복잡한 불규칙 복수 표현을 다 없애고 단어 뒤에 's'를 붙이는 것으로 단순화했기 때문입니다. 만약 그들이 아니었다면 'bread'의 복수형 'breadru'나 'name'의 복수형 'namen' 등 불규칙한 복수 표현들을 외우며 우리는 골머리를 앓았을 거예요.

역사학자 마이클 파이는 《북유럽 세계사》에서 이렇게 말했습니다. "바이킹들이 먹고살기 위해 발버둥쳤던 과정을 따라가 보면, 결국 바이킹의 생활 문화가 유럽은 물론 전 세계로 뻗어 나가는 과정이 보인다. 그들이 만들어 온 삶의 스타일과 문화가 현대 사회를 만들어 냈다."

아득한 북유럽의 차가운 바다에서 지금의 우리에게까지 문화가 전해지다니 놀랍지 않나요?

더 깊이 보기

📙 꼬마 바이킹 비케 1
루네르 욘손 지음 / 논장 / ★★

독일에서 '올해의 최고 아동 책'으로 뽑혔으며, 1970년대에 TV 애니메이션 시리즈로 제작해 방영한 작품입니다. 겁 많은 꼬마 비케가 폭력을 싫어하는 시각으로 바이킹의 세계를 탐험하는 동화입니다. 친절한 비케와 무뚝뚝한 바이킹 용사들 간의 대립이 재미있습니다.

📙 대구 이야기
마크 쿨란스키 지음 / 미래아이 / ★★

대구라는 물고기가 역사적인 사건들을 어떻게 변화시켰는지를 살펴봅니다. 바이킹의 대이동과 아메리카 대륙의 발견 같은 주요 사건들을 흥미롭게 다룬 세계사 이야기입니다.

 The Cod's Tale / Mark Kurlansky / G.P.Putnam's Sons / ★★★

📙 드래곤 길들이기 시리즈
크레시다 코웰 지음 / 예림당 / ★★★

거칠고 무모한 바이킹들과는 외모와 성격이 다른 소년 히컵을 중심으로 바이킹 부족의 이야기를 재미나게 들려줍니다.

 Hiccup 시리즈 / Cressida Cowell / Little, Brown / ★★★

영국, 포크스톤 · 프랑스, 코켈

노블레스 오블리주의 시작

📍 영국 터미널: Folkestone, CT18 8XX, UK
프랑스 터미널: Eurotunnel Le Shuttle Calais Terminal, 62231 Coquelles, France

유로 터널
Eurotunnel

도버 해협을 가로지르며 영국의 포크스톤과 프랑스의 칼레를 연결하는 해저 터널입니다. 유로 터널 안을 운행하는 셔틀 트레인에 차를 주차하면 약 30분 만에 건너편 목적지에 도착하며, 런던과 파리를 오가는 유로스타 등의 열차도 이곳을 지나갑니다.

교과서 어디에?
초등 3학년 미술: 로댕, 〈칼레의 시민〉
중학교 역사 ①: 《80일간의 세계 일주》로 보는 교통의 발달, 칼레

도버 해협은 영국의 도버와 프랑스의 칼레를 잇는 작은 해협(육지 사이에 낀 좁고 긴 바다)입니다. 칼레는 영국을 마주하고 있는 작은 항구 도시로, 지리적 위치 때문에 다양한 역사적 사건이 벌어졌어요. 백년전쟁 중에는 영국으로부터 1년 넘게 포위당했고, 칼레 시민들은 굶주림에 시달렸습니다. 조각가 로댕은 이 사건을 바탕으로 〈칼레의 시민〉이라는 작품을 만들었습니다. 이 작품은 '노블레스 오블리주'(Noblesse oblesse, 높은 사회적 신분에 상응하는 도덕적 의무) 정신의 상징이 되었지요.

오귀스트 로댕, 〈칼레의 시민〉 1889년 / 217×255×197cm / 청동 / 로댕 미술관

　영국의 왕 에드워드 3세는 칼레가 항복하지 않을 경우 모든 시민을 죽이겠다고 위협했습니다. 1년을 굶주리며 버티다 결국 시장은 최악의 상황을 피하기 위해 협상에 나섰습니다. 그러자 에드워드 3세는 끔찍한 조건을 내걸었지요.
　"칼레에서 가장 부유한 사람들 중 6명을 데려와라. 그들은 아무 장식 없이 목에 밧줄을 묶고 맨발로 와서 내게 칼레시와 성의 열쇠를 바쳐라. 반드시 자발적으로 와야 하며, 그들을 전체 칼레 시민을 대신하여 처형하겠다."
　이 말을 전해 들은 시민들은 안도하면서도 한편으로는 다수의 생명을 구하기 위해 6명의 목숨을 바쳐야 한다는 생각에 깊은 고민에 빠졌습니다. 그런데 한 사람이 조금의 망설임도 없이 앞으로 나섰고, 이어서 나머지 다섯 사람도 죽음을 자청했습니다. 이를 본 시민들은 말없이 흐느껴 울기 시작했습니다.

이윽고 왕이 사형 집행을 준비하라고 명령하자 임신 중이던 필리파 왕비가 나타나 한 손을 배 위에 올리며 말했습니다.

"태어날 왕자가 배워야 할 것은 복수나 잔인함이 아니라 정의입니다. 승리도 중요하지만 그들을 죽인다고 변하는 것은 없어요."

왕비는 무릎을 꿇고 애원하며 왕을 설득했습니다. 필리파 여왕의 현명함은 오늘날까지도 영국인들 사이에 전해지고 있습니다.

🔍 더 깊이 보기

📙 **기차 타고 부산에서 런던까지**
정은주 지음 / 키다리 / ★★
우리나라에서 비행기를 타고 러시아로 간 다음, 기차를 타고 런던까지 여행하는 이야기를 담은 책입니다. 통일이 되어 부산에서 런던까지 기차로 달릴 수 있는 미래를 꿈꾸는 내용입니다.

📙 **오귀스트 로댕의 칼레의 시민**
제랄딘 엘시네 지음 / 형설아이 / ★★
로댕의 작품 〈칼레의 시민〉 속에 담긴 이야기를 그림책 형식으로 풀었습니다.

영국, 레이턴 버저드
양고기에 얽힌 역사

📍 Ivinghoe, Leighton Buzzard, LU6 2EF, UK

아이빙호 비컨
Ivinghoe Beacon

영국 칠턴 언덕에 위치한 고대 언덕 요새로, 선사 시대부터 방목지로 활용되었습니다. 영화 〈미녀와 야수〉의 촬영지로도 알려져 있으며, 넓게 펼쳐진 초원에서 방목된 양들을 쉽게 볼 수 있습니다. 현재는 하이킹 명소로 사랑받으며, 영국 전통 농경지의 목가적인 풍경을 감상할 수 있는 곳입니다.

교과서 어디에? 중학교 역사 ① : 산업혁명, 증기기관 영국을 배경으로 하는 《해리 포터》 시리즈에는 다양한 영국 음식이 등장합니다. 그중 호그와트 마법 학교의 크리스마스 만찬 장면에 등장하는 셰퍼드 파이는 어떤 음식일까요? '셰퍼드 shepherd'는 양 치는 사람을 뜻하며, '셰퍼드 파이'는 양치기 부인이 17세기에 처음 개발했다고 해서 붙은 이름입니다. 늘 같은 음식만 먹던 양치기 부인은 새로운 음식을 고민하다 양고기, 양파, 당근, 감자를 작게 썰어 볶은 뒤 치즈를 뿌리고 오븐에 구웠습니다.

　이웃 마을에서는 양고기 대신 더 이상 일할 수 없는 나이 든 소의 고기를 사용했습니다. 소고기와 다양한 채소를 넣어 굽고 오두막집에서 만들어 먹었기 때문에 코티지 cottage 파이라 부릅니다. 말린 과일과 다진 고기를 넣어 만든 민스 파이도 있지요.

　영국 음식은 맛이 없기로 악명이 높습니다. 이웃 나라들에서는 종종 영국 음식을 풍자할 때 "영국 사람들은 양을 두 번 죽인다. 한 번은 요리하려고 죽이고, 또 한 번은 요리해서 죽이고"라고 말합니다. 이 말은 양을 요리하기 위해 한 번 죽였는데, 그 요리가 너무 맛없어서 제 역할을 못 하니 한 번 더 죽인다는 뜻입니다. 영국 음식이 맛없는 이유는 여러 가지가 있겠지만 너무 고기 위주라는 점도 그중 하나가 아닐까 싶습니다.

영국에서 양고기를 많이 먹게 된 계기로는 '인클로저 운동'이 있습니다. '인클로저'는 울타리를 친다는 뜻이지요. 16세기 영국의 정치가 토마스 모어는 《유토피아》라는 책에서 "양이 사람을 잡아먹는다"라는 표현을 했습니다. 양이 사람을 어떻게 잡아먹는다는 걸까요? 이는 당시 영국에서 벌어진 인클로저 운동으로 영국 농민과 노동자가 처한 현실을 표현한 것입니다.

영국은 드넓은 초원이 많아 양을 키우기에 최적인 조건을 갖췄습니다. 처음에는 영국 내에서만 양을 사고팔았는데, 숲이 많아 양을 키우기 힘든 독일이나 프랑스에 양모, 실, 모직물을 수출하기 시작했습니다. 양을 키우면 돈을 더 벌 수 있다는 걸 안 땅 주인들은 너도나도 농민들을 쫓아낸 뒤 울타리를 치고 목장을 만들어 양을 키웠고, 양의 숫자가 엄청나게 많아지면서 영국 사람들의 식탁에 양고기도 많이 오르게 되었지요.

그러나 땅 주인들은 부자가 되었지만 쫓겨난 농민들은 굶어 죽거나 생

계를 위해 도둑질을 해서 사형에 처해지는 처참한 상황에 놓였습니다. 결국 이들은 어쩔 수 없이 도시로 가서 공장 노동자가 되었는데, 이는 아이러니하게도 영국 산업 혁명의 발판이 되었습니다. 공장 노동력이 풍부해지고 마침 기계와 증기기관이 발명되면서 공업과 산업이 크게 발달한 것입니다.

더 깊이 보기

양들의 왕 루이 1세
올리비에 탈레크 지음 / 북극곰 / ★

평범한 양 루이는 양들의 왕 루이 1세가 됩니다. 바람 때문에 왕관이 늑대에게로 가는 장면이 인상적이랍니다.

유토피아
토머스 모어 지음 / 이숲아이 / ★★

토머스 모어의 고전으로, 공정하고 평등한 사회를 그리며 우리가 꿈꾸는 이상향을 담은 철학적 우화입니다.

Babe: The Gallant Pig
Dick King-Smith / Yearling Books / ★★★

영화 〈꼬마 돼지 베이브〉의 원작 소설입니다. 딕 킹 스미스는 베아트릭스 포터의 뒤를 잇는 위대한 동물 판타지 작가라는 평을 받고 있습니다.

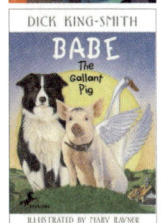

꼬마 돼지 베이브
1996년 / 오스트레일리아·미국 / 전체 관람 가

꼬마 돼지 베이브가 훌륭한 양치기가 되어 가는 과정을 담은 가족 영화입니다. 동물 연기의 결정판으로 불리며 흥행에 성공한 작품입니다.

영국, 런던
세계 시간의 중심

📍 Blackheath Ave, London, SE10 8XJ, UK

그리니치 천문대
Royal Observatory Greenwich

1675년 영국 그리니치에 세운 천문대입니다. 세계를 동서로 나누는 기준인 본초 자오선이 지나는 곳에 자리하고 있어 세계 시간의 기준점이 되었습니다. 예전에는 선원들이 항해를 떠나기 전 이곳에 들러 손목시계 시간을 맞추곤 했습니다.

교과서 어디에? 초등 6학년 사회: 본초 자오선

다른 나라에서 열리는 올림픽이나 축구 경기는 시차 때문에 새벽에 봐야 할 때가 있습니다. 영국에서 오후 4시 30분에 경기를 시작한다면 우리나라에서는 새벽 1시 30분에 볼 수 있지요. 영국과 우리나라는 9시간(서머타임이 적용되면 8시간)의 시차가 있기 때문입니다. 시차는 지역과 지역 사이에 생기는 시간의 차이를 뜻합니다. 그러면 세계 시간의 기준이 되는 곳은 어디일까요?

세계 지도에는 위선(가로선)과 경선(세로선)이 그려져 있습니다. 위치를 쉽게 나타내기 위해 그어 놓은 선으로, 각 선에 표시된 숫자를 위도와 경도라고 하지요. 경도 0°를 뜻하는 '본초 자오선'이 지나는 곳에 영국 그리니치 천문대가 있습니다.

영국은 엘리자베스 1세(1533~1603년)의 대항해 시대를 거쳐 맨 처음 산업 혁명을 이룬 나라입니다. 대항해 시대는 무역과 인류 이동에서 혁명적인 사건이었지만, 위험천만한 모

그리니치 천문대 내에 있는 나무 천체망원경.

본초 자오선 좌우에 다리를 걸치고 서 있는 사람들.

험도 동반되었습니다. 캄캄한 바다에서 밝게 빛나는 북극성 덕에 북쪽을 찾기는 쉬웠지만 문제는 경도였지요. 천문 지도와 별들의 위치를 근거로 계산했지만 정확하지 않았고, 난파 사고로 목숨을 잃기도 했습니다. 그래서 1714년 영국 의회는 경도 계산에 대한 최상의 해법을 찾고자 무려 2만 파운드(오늘날의 가치로 약 5억 원)의 상금을 제시하기도 했습니다.

북반구와 남반구를 적도로 나누는 것과 마찬가지로, 동반구와 서반구를 구분하는 중요한 경계는 본초 자오선입니다. 적도의 위치는 고정되어 있지만, 본초 자오선의 위치는 정하기 나름입니다. 많은 국가가 본초 자오선이 자국의 영토를 통과해야 한다고 주장했지만, 영국은 다양한 해양 정보와 지침을 제공해 그리니치 자오선을 세계적인 표준시로 만들었어요. 1884년 워싱턴 D.C.에서 열린 국제 본초 자오선 회의에서 20여 개국의 대표들은 그리니치 자오선을 공식적으로 승인했습니다. GMT는 그리니치 표준시Greenwich Mean Time를 기준으로 한 시간을 의미합니다.

본초 자오선本初子午線에서 '자'는 중국식 시간 표기로 자시(밤 12시)의 북쪽, '오'는 오시(낮 12시)의 남쪽을 뜻합니다. '본초'란 근본을 뜻하는 '본'과

처음을 뜻하는 '초'를 합친 것으로, 맨 처음이라는 뜻이지요. 그러니까 '북쪽과 남쪽을 연결하는 맨 처음의 기준선'입니다.

그리니치 본초 자오선이 지나는 장소는 관광 명소로 자리 잡았습니다. 사람들은 선을 가운데 두고 두 다리를 동반구와 서반구에 걸치고 사진을 찍습니다. 밤이 되면 이곳이 세계의 중심이라는 것을 나타내기 위해 초록색 레이저 빔을 하늘로 쏘아 올립니다.

더 깊이 보기

왜 나라마다 시간이 다를까: 세계와 네트워크
최재희 지음 / 휴먼어린이 / ★★

어린이들에게 서로 다른 시간대에 대한 개념을 설명하는 책입니다. 각 지역이 서로 다른 시간대를 가지게 된 이유, 시간대와 관련된 역사적 사실, 그리고 서머타임과 같은 유용한 정보를 알려 줍니다.

과학 선생님, 영국 가다
한문정 외 지음 / 푸른숲 / ★★★

런던 과학 박물관, 그리니치 천문대, 케임브리지와 같은 서양 과학사의 중심지를 둘러봅니다.

At the Same Moment, Around the World
Clotilde Perrin / Chronicle Books / ★★

그리니치 자오선을 기준 삼아 동쪽으로 이동하면서 베네딕, 밋코, 칸이 각자의 고향에서 동시에 벌어지는 일상을 보여 줍니다.

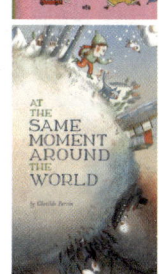

휴고
2012년 / 미국 / 전체 관람 가

1931년 프랑스 파리의 기차역에서 시계탑을 관리하며 죽은 아버지(주드 로)의 비밀을 찾는 열두 살 소년 휴고의 모험 이야기입니다. 당시 유럽의 분위기와 거대한 시계탑 관리 풍경이 자연스럽게 그려집니다.

프랑스, 파리
비운의 왕비, 마리 앙투아네트

📍 2 Bd du Palais, 75001 Paris, France

콩시에르주리
Conciergerie

프랑스 파리의 시테섬 서쪽에 있으며, 유네스코에서 세계 문화유산으로 등재한 건물입니다. 중세 시대에 궁전으로 지었지만 14세기 말에는 감옥으로 사용했습니다. 현재는 역사 기념관으로 일반인에게 공개하고 있고, 일부는 파리 법원으로 사용하고 있습니다.

교과서 어디에? 중학교 역사 ①: 베르사유 궁전, 루이 16세와 마리 앙투아네트 프랑스 파리의 중심에 자리한 시테섬을 걷다 보면 동화 속에 나올 듯한 뾰족 지붕의 아름다운 건물이 보입니다. 중세 시대에 지은 고딕 양식의 이 건물은 파리 최초의 궁전으로 사용하다 프랑스 혁명 중 악명 높은 감옥으로 바뀐 콩시에르주리Conciergerie입니다. 루이 16세의 왕비 마리 앙투아네트를 비롯한 2800여 명이 '피의 재판'을 받고 단두대의 이슬로 사라진 곳이기도 하지요. 역사의 한 페이지를 엿볼 수 있는 이곳에 감옥에 갇힌 마리 앙투아네트의 모습이 재현되어 있습니다.

　마리 앙투아네트는 배고픈 파리 시민들에게 "빵이 없으면 케이크를 먹으라"라는 말을 했다고 전해졌지만, 실제로는 그런 말을 한 적이 없습니다. 프랑스 혁명 세력들이 루소의 《참회록》에 있는 내용을 마리 앙투아네트가 한 말이라고 의도적으로 잘못 퍼뜨린 것이었어요. 1765년 루소가 이 책을 저술했을 때 마리 앙투아네트는 겨우 아홉 살이었으며 오스트리아에 있었습니다.

　마리 앙투아네트는 1755년 11월 2일에 오스트리아 빈에서 태어났습니다. 오스트리아 여왕인 마리아 테레지아의 막내딸로 원래 이름은 '마리아 안토니아'였고, 다른 유럽의 공주들과 마찬가지로 외국어와 음악을 배우며 자유롭게 어린 시절을 보냈습니다.

　1770년에 오스트리아 왕실은 중대한 결정을 내렸습니다. 그동안 유럽

지배권을 두고 싸웠던 프랑스와 손을 잡기로 한 것입니다. 앙숙이던 두 나라가 같은 편이 된 것은 더 큰 적인 프로이센이 나타났기 때문이었어요. 지금의 독일 지역에 위치한 프로이센은 새로운 강대국으로 부상한 나라였습니다. 프로이센은 영국과 한편이 되어 프랑스를 공격했고, 이에 위협을 느낀 프랑스는 오스트리아에 도움을 요청했습니다. 오스트리아는 슐레지엔 지방을 되찾을 생각으로 프랑스와 한편이 되어 프로이센에 맞섰습니다. 하지만 슐레지엔 지방을 되찾지 못했고 영국과 프로이센의 기세만 강해졌지요. 오스트리아와 프랑스는 두 나라에 맞서기 위해 동맹 유지가 필요했고, 그 증표로 자식들을 결혼시켰습니다. 열다섯 살 신랑과 열네 살 신부의 사랑 없는 정략결혼의 주인공은 바로 루이 16세와 마리 앙투아네트였어요.

　마리아 테레지아는 어린 딸이 걱정되었지만 떠나보내야만 했습니다. 1770년 4월, 쇤부른궁에서 출발한 마차는 매일 9시간씩 달려 5월이 되어서야 프랑스에 도착했습니다. 마리 앙투아네트는 프랑스 국경을 밟은 순간 오스트리아와 관련된 모든 것을 빼앗겼습니다. '마리아 안토니아'라는 이름은 물론 데려온 하인들과 어렸을 때부터 키워 온 반려견까지 오스트리아로 돌려보내야 했지요. 낯선 나라에서 완전히 혼자가 된 것입니다.

　그해 5월 16일, 베르사유 궁전에서 루이 16세와 마리 앙투아네트는 결

콩시에르주리의 감옥 내부.

혼식을 올리며 국민들의 큰 관심을 받았습니다. 오스트리아 신부를 보기 위해 많은 사람이 궁으로 몰려들었고, 파리의 콩코드 광장에서는 두 사람의 결혼을 축하하는 불꽃 축제도 열렸지요. 그런데 어마어마한 사람들이 콩코드 광장으로 몰려드는 바람에 130여 명이 죽으면서 축제는 즉시 중단되었고, 루이 16세와 마리 앙투아네트는 희생자 가족들에게 한 달 치 궁정 예산을 보내며 애도를 표했습니다.

여기서부터 문제가 시작되었습니다. 사람들은 모든 것을 마리 앙투아네트 탓으로 돌리며 가짜 뉴스를 만들어 냈습니다. 프랑스 사람들은 겉으로는 그녀를 환영하는 듯했지만, 속으로는 오랜 숙적인 오스트리아에 대해 깊은 적대감을 품고 있었던 것이지요. 가짜 뉴스는 나날이 퍼지며 마리 앙투아네트는 프랑스의 국민 밉상이 되어 갔습니다. 결국 프랑스 혁명 때 오스트리아와 내통한 죄, 나라 자금을 낭비한 죄, 프랑스 국민을 속인 죄 그리고 국왕을 타락시킨 죄 등 온갖 죄목을 다 뒤집어쓰고 서른여덟 살의 나이에 처형을 당했습니다.

더 깊이 보기

마리 앙투아네트의 역사 교실
신연호 지음 / 시공주니어 / ★★

마리 앙투아네트와 프랑스 혁명을 통해 역사에 대해 생각해 보는 책. 어린이들에게 올바른 가치관을 심어 주는 '수상한 인문학 교실' 시리즈 중 하나입니다.

Moi & Marie Antoinette
Lynn Cullen / Bloomsbury / ★★

마리 앙투아네트의 어린 시절부터 프랑스의 왕비가 되기까지의 삶을 애완견 세바스찬의 눈으로 보여 주는 그림책입니다.

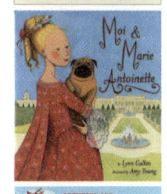

후 워즈? 쇼: 롤모델을 찾아라
2018년 / 미국 / 전체 관람 가

어린이 베스트셀러 책을 기반으로 만든 넷플릭스 시리즈. 유명한 위인을 연기하는 10대 배우들의 모습이 재미있습니다. 마리 앙투아네트에 대한 이야기는 5편에서 볼 수 있어요.

영국, 맨체스터

산업 혁명이 남긴 아픔

📍 Liverpool Road, Manchester, M3 4FP, UK

과학 산업 박물관
Science and Industry Museum

옛 기차역을 박물관으로 개조한 곳입니다. 수확한 목화를 실로 만드는 과정 등 산업 혁명을 주도한 기계들을 직접 볼 수 있고, 아이들이 다양한 체험 활동을 하며 과학을 흥미롭게 느낄 수 있습니다.

교과서 어디에?
초등 3학년 사회: 옷을 만드는 도구의 발달 과정
중학교 역사 ①: 산업 혁명, 방직 공장의 아동 노동자

1830년 영국 맨체스터에서는 어린아이들도 가족의 생계를 책임지고 있었습니다. 지금의 맨체스터는 축구로 유명하지만, 한때는 전 세계 목화의 70%를 생산해 '면의 도시Cottonopolis'라 불렸습니다. 산업 혁명을 이끈 도시나 다름없었지요. 인클로저 운동으로 삶의 터전을 잃은 농부들은 먹고살기 위해, 공장에 취직하기 위해 도시로 몰려들었습니다. (44쪽 참고)

    공장 주인들은 더 많은 이익을 내기 위해 10대 아이들은 물론 네다섯 살인 아이들까지도 일을 시켰습니다. 아이들은 아침 6시부터 저녁 6시까지 12시간을 일했고, 이틀에 한 번 소시지를 사 먹을 정도의 보잘것없는 급여를 받았습니다. 아동 노동 착취 수준이었지요. 아이들은 발이 퉁퉁 붓고 눈은 피로로 가득했지만, 가족을 생각하며 어떤 어려움도 견뎌냈어요.

    환기 시설이 없는 찜통 같은 공장은 실 보푸라기로 가득 차 있었고, 아이들은 내내 서서 일했습니다. 귀가 아플 만큼 시끄러운 기계 소음이 들리고 사람이 들어가기 힘들 만큼 좁디좁은 공간은 키가 작은 네다섯 살 아이들의 구역이었어요.

    기계에 손이 빨려 들어가 잘리거나 좁고 뜨거운 굴뚝 속에서 화상을 입는 일이 빈번했을 만큼 안전 관리도 엉망이었습니다. 다 큰 어른조차 부품처럼 취급하던 시기에 저항할 힘이 없는 아이들이 얼마나 가혹한 대우를 받았을지 지금의 우리는 상상하기조차 어려울 정도였지요. 19세기 말이 되어서야 열 살 미만 어린이의 노동이 법으로 금지되었고, 열 살에서 열네 살 어린이는 성인 근로 시간의 절반을 초과해서 일할 수 없게 되었습니다. 이러한 법 개정은 다른 여러 나라에도 영향을 미쳤습니다.

하지만 21세기인 지금도 어디에선가 아동 노동은 여전히 일어나고 있습니다. 베트남의 커피 농장, 콜롬비아의 탄광, 인도의 유리 공장, 파키스

과학 산업 박물관 내에 있는, 목화를 실로 만드는 기계.

탄의 축구공 생산 공장 등 여전히 아이들이 산업 혁명 때처럼 일하고 있는 곳이 많습니다. 가난해서이기도 하고, 교육을 받을 수 없는 환경에 놓여 있어서이기도 하지요. 우리가 가볍게 쓰고 버리는 물건들 뒤에서는 이런 일들이 일어나고 있습니다.

더 깊이 보기

목화 할머니
김바다 지음 / 봄봄 / ★

손자를 위해 사랑과 헌신으로 목화를 키워 솜을 만들고, 직접 꿰매 이불을 만드는 목화 할머니 이야기를 담고 있는 그림책입니다.

목화, 너도나도 입지만 너무나도 몰라요!
예영 지음 / 생각하는아이 / ★★

산업 혁명과 관련된 배경지식을 통해 《올리버 트위스트》 같은 영국의 문학 작품을 더 재미있게 읽을 수 있는 책입니다. 목화의 유래부터 산업 혁명, 노예제, 그리고 남북 전쟁까지 다양한 주제를 배울 수 있습니다.

틱톡, 일어나세요!
앤드리어 어렌 지음 / 꿈교출판사 / ★

2003년 페어런츠 초이스상 수상작. 1920년대 영국 런던, 메리 스미스가 새벽마다 사람들을 깨우는 일을 통해 사라져 버린 직업과 평범한 사람들의 활기찬 아침을 그린 그림책입니다.

 Mary Smith / Andrea U'Ren / Farrar, Straus and Giroux / ★

It Jes' Happened
Don Tate / Lee & Low Books / ★★

2013년 에즈라 잭 키츠상 수상작. 전직 노예였던 화가 빌 트레이러의 삶을 담고 있는 이 책은 뜨거운 들판 목화 농장에서의 기억을 시작으로 이야기가 전개됩니다.

독일, 슈반가우

미치광이 왕의 아름다운 성

📍 Neuschwansteinstraße 20, 87645 Schwangau, Germany

노이슈반슈타인성
Neuschwanstein Castle

디즈니 영화가 시작되면 등장하는 아름다운 성의 실제 모델입니다. 디즈니의 창업자 월트 디즈니는 유럽 여행 중 이 성을 보고 마음을 빼앗겨 디즈니의 로고에 사용했습니다.

(교과서 어디에?) **초등 2학년 세계:** 다른 나라의 집, 노이슈반슈타인성

노이슈반슈타인성은 독일 바이에른주에 있는 웅장한 성입니다. 노이는 '새로운', 슈반은 '백조', 슈타인은 '돌'로, '새로운 백조의 돌'이라는 뜻의 이름입니다. 바그너의 오페라 중 백조의 기사를 소재로 한 〈로엔그린〉에 깊은 감명을 받은 왕이 성의 이름에 '백조'를 넣고, 오페라의 장면들을 조각과 그림으로 성에 장식했습니다. 어떤 사연인지 좀 더 알아볼까요?

동화 속 세상에 살기를 원했던 한 왕자가 있었습니다. 191cm의 큰 키와 고귀한 외모를 지닌 왕자는 바이에른 왕국의 루트비히 2세였습니다. 부모님이 있었지만 어린 시절 대부분의 시간을 유모와 보냈고, 유모가 들려주는 중세 전설과 옛 동화는 외로운 왕자에게 소중한 친구가 되어주었지요. 바그너의 오페라를 좋아했던 이유도 중세 시대의 전설을 다루고 있었기 때문입니다.

갑작스런 아버지의 사망으로 열여덟 살에 준비도 없이 왕위에 오른 그는 큰 책임과 압박을 느꼈습니다. 왕위에 오른 지 2년 뒤인 1866년에 프로이센-오스트리아 전쟁이 발발했고, 바이에른 왕국은 우호 관계에 있던 오스트리아 편에 참전했지만 패배했습니다. 이로 인해 바이에른은 1871년에 독일 제국이 성립되면서 그 일부로 흡수되었습니다.

왕국을 잃은 그는 허수아비 같은 왕이 되면서 점점 더 내성적으로 변

루트비히 2세.

해 예술에만 몰두했습니다. 노이슈반슈타인성을 짓기 시작한 지 15년이 되었을 때 그는 성으로 들어가 중세 시대의 절대 권력자가 되는 망상에 빠졌습니다. 그리고 성이 완공되기도 전에 왕위를 잃고 생을 마감했지요. 그가 성에 머문 기간은 고작 3개월에 불과했습니다.

그는 왜 자신이 상상한 동화 속 세계를 현실로 만든 성에서 쫓겨났을까요? 당시 유럽에서 꽃미남 왕자의 대명사로 불리던 그는 가난한 사람들에게 자비로워 국민들에게는 인기가 있었지만 신하들에게는 전혀 그렇지 않았습니다. 바그너에 대한 총애가 지나친 것

도 큰 문제가 되었습니다. 자신의 성을 짓기 위해 가족과 다른 유럽 왕실에서 막대한 돈을 빌렸고, 왕족들로부터 불만을 샀지요. 그 후 자살인지 타살인지 밝혀지지 않은 채 미치광이 왕으로 생을 마감했습니다.

뛰어난 예술적 감수성을 지닌 그는 자신만의 상상 속 왕국을 세우기 위해 막대한 빚을 졌고 무능한 왕으로 기록되었습니다. 하지만 아이러니하게도 재정을 탕진한 그의 예술적 집착은 오늘날 중요한 관광 자원이 되어 성 건축비를 충당하고도 남을 만큼 많은 사람이 그의 예술 세계를 감상하기 위해 몰려들고 있습니다.

더 깊이 보기

 신기한 역사 여행 2: 아널드, 중세의 성을 지켜라!
조애너 콜 지음 / 비룡소 / ★

아널드와 프리즐 선생님이 중세 성으로 모험을 떠나면서 성의 역사와 구조, 주민들의 생활을 체험하며 배우는 이야기입니다.

Medieval Castle / Joanna Cole / Scholastic / ★★

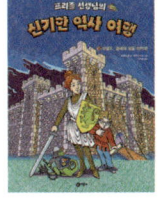

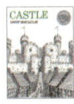 **성**
데이비드 맥컬레이 지음 / 소년한길 / ★★★

1978년 칼데콧상 수상작. 중세 시대를 배경으로 가상의 성을 건설하는 과정을 모두 펜으로 섬세하게 그린 그림책입니다. 성의 건축과 역사에 대한 자세한 해설서라고 할 수 있습니다.

Castle / David Macaulay / Houghton / ★★★

독일, 오라니엔부르크

그림자 속의 기억

📍 Str. d. Nationen 22, 16515 Oranienburg, Germany

작센하우젠 수용소
Sachsenhausen Memorial & Museum

독일 오라니엔부르크에 있는 작센하우젠 수용소는 나치 시대에 정치범과 유대인 등을 가두었던 강제 수용소입니다. 지금은 추모관과 박물관으로 바뀌어 그 시대의 아픈 역사를 배우고 기억하는 공간이 되었습니다.

교과서 어디에? 중학교 역사 ①: 독일이 유대인 수용소를 박물관으로 사용하는 이유, 작센하우젠 수용소

베를린 근교, 조용한 도시 한쪽에 작센하우젠 수용소가 있습니다. 제2차 세계 대전 당시 수많은 사람이 이곳에 갇혀 자유를 빼앗겼습니다. 지금은 기념관으로 보존되어 차가운 바닥과 아무것도 남지 않은 방들이 당시의 모습을 떠올리게 합니다.

　가장 오래 발걸음을 붙잡는 곳은 사람을 대상으로 생체 실험이 이루어졌던 공간입니다. 병을 치료하거나 약을 개발한다는 이유로 아이들의 팔에 바늘을 꽂고 피를 뽑아 부상당한 군인들에게 사용했다는 기록도 남아 있습니다. 아직 세상을 알지도 못했던 아이들. 겁에 질린 채, 이유도 모른 채 작은 팔에서 피가 빠져나가는 걸 지켜봐야 했던 그 시간들. 그 고통 앞에서도 많은 사람이 침묵했습니다.

　지식을 얻기 위해, 혹은 전쟁에서 이기기 위해 인간의 고통이 무시되었던 공간입니다. 생명을 위한 과학이 어떻게 생명을 해치는 도구가 될 수 있었는지, 그 질문은 지금도 쉽게 답하기 어렵습니다. 목적이 아무리 훌륭해 보여도 그것을 이루는 방법이 잘못되었다면 옳다고 할 수 있을까요?

　이곳에서 벌어진 잘못은 단지 일부 사람들만의 책임은 아니었습니다. 많은 사람이 그 일이 옳지 않다는 것을 알면서도 말하지 않았습니다. 두려움과 무관심, '나만 아니면 된다'는 생각이 그들을 침묵하게 만들었습니다.

　사람은 본래 혼자서는 살아가기 어려운 존재입니다. 추위를 막아 줄

털도 없고, 맹수에게 맞설 힘도 약했기에 무리를 이루며 살아야 했지요. 그렇게 함께 살아온 기억은 우리 안에 본능처럼 남아, 사람들 사이에서 벗어나지 않으려는 마음으로 이어집니다. 그래서 "이건 잘못됐어요"라고 말하는 일은, 단순히 용기 있는 행동이 아니라 우리 안에 깊이 박힌 두려움을 넘어서는 일이기도 합니다.

  1970년, 독일의 총리였던 빌리 브란트는 폴란드를 방문해 바르샤바 봉기 기념비 앞에서 조용히 무릎을 꿇었습니다. 바르샤바 봉기는 제2차 세계 대전 당시 폴란드군이 독일의 점령에 맞서 일으킨 저항 운동입니다. 빌리 브란트의 행동은 전 세계에 깊은 인상을 남겼습니다. "왜 우리가 무릎을 꿇어야 하느냐"는 반대 의견도 있었지만, 그는 이렇게 말했습니다.
  "나는 해야 할 일을 했을 뿐입니다."

독일은 하루아침에 반성하는 나라가 된 것이 아닙니다. 진실을 외면하지 않고 마주하려는 용기 있는 사람들이 있었기에 가능한 일이었습니다. 작센하우젠은 지금도 우리에게 묻습니다.

"모두가 괜찮다고 말할 때, 당신은 혼자서라도 아니라고 말할 수 있습니까?"

더 깊이 보기

아빠, 왜 히틀러한테 투표했어요?
디디에 데냉크스 지음 / 봄나무 / ★★

1933년 독일 총선을 배경으로 하며 잘못된 선택이 가져온 비극을 한 아이의 시선으로 따라가는 이야기입니다. 히틀러를 합법적으로 뽑은 결과가 제2차 세계 대전과 인류 최대 참사를 불러온 과정을 날카롭게 고발합니다.

유대인 수용소의 두 자매 이야기
프니나 밧 츠비, 마지 울프 지음 / 아름다운사람들 / ★★★

나치에게 끌려가던 날, 부모님은 토비에게 금화 세 개를 주며 동생을 지키라고 당부합니다. 토비는 목숨을 걸고 약속을 지켜 살아남았고, 두 자매의 딸들이 이 실화를 바탕으로 감동적인 사회 그림책을 만들어 냈습니다.

The Promise / Pnina Bat Zvi, Margie Wolfe / Second Story Press / ★★★

에리카 이야기
루스 반더 지음 / 마루벌 / ★★

1944년 겨울, 유대인 대학살 속에서 이름도 생일도 모르는 아기가 기차에서 던져져 살아남은 이야기입니다. "어머니는 죽음을 향해 가면서, 생명을 향해 나를 던진 것입니다"라는 한마디가 깊은 울림을 전합니다.

Erika's Story / Ruth Vander Zee / Creative Editions / ★★★

프랑스, 콜빌 쉬르 메르

나라를 위한 희생

📍 **Colleville-sur-Mer, 14710, France**

노르망디 미군 묘지
Normandy American Cemetery

제2차 세계 대전 중 노르망디 상륙 작전이 벌어진 오마하 비치 근처에 조성된 미군들의 묘지입니다. 노르망디 상륙 작전에서 전사한 이들을 포함해 9000여 명의 미군 병사가 묻혀 있습니다.

(교과서 어디에?) 중학교 역사 ① : 제2차 세계 대전

프랑스 노르망디는 영국과 바다를 사이에 두고 가까이 위치한 지역입니다. 노르망디 Normandie 라는 이름은 북쪽 사람들 North men 이 살고 있는 땅, 그러니까 '노르만족의 땅'이라는 뜻이에요.

1944년 6월 6일, 제2차 세계 대전 중에 노르망디 상륙 작전이 개시되었습니다. 미국, 영국, 프랑스, 캐나다, 오스트레일리아 등 8개국의 연합군이 독일이 점령하고 있던 노르망디 해안에 상륙하려는 작전이었습니다. 연합군은 이를 시작으로 파리를 포함한 프랑스 북부 지역을 모두 독일로부터 해방시키려 했지요. 어떤 예정일까지 남은 날짜를 말할 때 쓰는 '디데이 D-Day'라는 말은 원래 군사 용어인데, 노르망디 상륙 작전을 개시한 날을 '디데이'라고 부르면서 더 널리 쓰이게 되었습니다.

영화 〈라이언 일병 구하기〉는 노르망디 상륙 작전 중 밀러 대위와 7명의 대원이 라이언 일병을 찾는 특별한 임무에 나서는 이야기입니다. 이 영화의 감독 스티븐 스필버그는 전쟁 영화를 만들기 위해 역사 자료를 조사하던 중 신문 기사에서 "4형제 중 3명이 전사했다는 보고를 받은 미국 당국은 막내아들을 귀환시키기 위해 구조대를 파견했다"라는 내용을 발견했고, 이를 바탕으로 영화를 만들었습니다.

밀러 대위와 대원들은 라이언 일병을 찾기 위해 최전선에 투입되었습니다. 상황이 악화되고 동료들이 죽자, 남은 대원들은 정신적으로 혼란

노르망디 상륙 작전을 표현한 지도.

스러워졌어요. 라이언 일병 하나를 구하는 일이 8명의 생명보다 더 중요하고 가치 있는 일인지에 대해 고민에 빠진 것입니다. "라이언 한 사람을 구하기 위해 8명이 죽을 수도 있는 명령을 따라야 하나요?"라고 AI에게 묻는다면 분명 "아니오"라고 대답할 것입니다. 효율성을 극도로 중시하는 시대에 스티븐 스필버그는 생명 하나하나의 무게와 그 가치를 다시 생각하게 합니다. 또한 감독은 전쟁 장면을 촬영하기 위해 약 6000L의 가짜 피를 사용하면서까지 끔찍한 모습을 연출했습니다. 전쟁의 참혹함을 드러내고 미래에 같은 실수를 되풀이하지 않도록 경각심을 일깨우고자 한 것입니다.

밀러 대위는 라이언을 구하기 위해 싸우다 죽어 가며 "값지게 잘 살아라"라는 마지막 말을 남깁니다. 그가 남긴 이 한마디는 영화의 핵심 메시지로, 감독이 관객에게 전하고자 한 바와도 같습니다. 영화의 시작과 끝에 등장하는 노르망디 미군 묘지 장면에서, 라이언은 자신을 위해 희생한 이들에게 부끄럽지 않은 삶을 살기 위해 노력해 왔음을 드러냅니다. 노르망디의 핏빛 바다가 다시 푸른 바다가 될 수 있었던 것은 인간다움을 잃지 않고 목숨을 바쳐 싸운 그들의 희생 덕분입니다.

더 깊이 보기

별을 헤아리며
로이스 로리 지음 / 양철북 / ★★★

제2차 세계 대전 중, 덴마크의 열 살 소녀 안네마리와 가족은 유대인들을 스웨덴으로 탈출시키려 합니다. 언제 나치에게 잡혀갈지 알 수 없는 전쟁 상황을 어린아이의 시선으로 실감나게 묘사합니다. 1990년 뉴베리상 수상작으로 미국 초등학생이 가장 많이 읽는 책으로 소개되기도 했습니다.

 Number the Stars / Lois Lowry / Yearling / ★★★

조각배 함대
루이즈 보든 지음 / 문학과지성사 / ★★★

1997년 페어런츠 초이스상 수상작. 제2차 세계 대전에서 고깃배들이 궁지에 몰린 연합군을 구하는 실화를 다룬 동화책입니다. 전쟁의 참상보다는 인간의 가치와 사랑에 초점을 맞추며, 보통 사람들의 위대한 행동을 강조합니다.

 The Little Ships / Louise Borden / Margaret K. McElderry Book / ★★★

The Journal of Scott Pendleton Collins
Walter Dean Myers / Scholastic / ★★★

열일곱 살인 스콧 펜들턴 콜린스가 프랑스 노르망디에서 벌어진 전투를 기록한 일기장을 토대로 쓴 소설입니다.

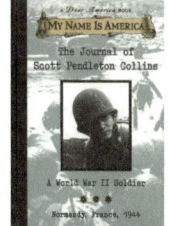

프랑스, 파리
헤밍웨이의 단골 서점

📍 37 Rue de la Bûcherie, 75005 Paris, France

셰익스피어 앤 컴퍼니
Shakespeare and Company

센 강변에 위치한 셰익스피어 앤 컴퍼니는 100년이 넘는 역사를 자랑하는 서점입니다. 프랑스에서 영어책을 취급하고 있으며, 《노인과 바다》의 헤밍웨이, 《위대한 개츠비》의 피츠제럴드 등 유명 작가들이 무명 시절에 자주 찾았던 곳으로 알려져 있습니다. 셰익스피어 앤 컴퍼니에서 'Company'는 회사가 아닌 동료를 의미하는 것으로 '셰익스피어와 친구들'이라는 뜻입니다.

교과서 어디에? 고등학교 문학: 헤밍웨이, 노인과 바다, 노벨 문학상

셰익스피어 앤 컴퍼니는 무료 숙박을 제공하는 것으로도 유명합니다. 대신 조건이 있습니다. 몇 시간 동안 서점 일을 돕고, 매일 책 한 권을 읽고, 한 페이지의 에세이를 쓰는 것입니다. 이 조건만 지킨다면 누구나 여기에 머물 수 있습니다. 이곳에 머무는 손님들을 바람에 날리는 잡초라는 의미로 '텀블위드Tumbleweeds'라 하며, 1950년대 이후에는 약 4만 명이 이곳에서 숙박을 했어요.

서점 안에는 "낯선 이에게 친절하게 대하라. 변장한 천사일지도 모르니"라는 문구가 적혀 있습니다. 이는 현재 서점 주인인 실비아 휘트먼의 아버지 조지 휘트먼이 쓴 것으로, 서점의 정신을 나타낸다고 합니다. 조지는 대공황 시기에 40달러를 들고 히치하이킹 여행을 떠났다가 멕시코에서 심각한 병에 걸려 고생했지만 마야족의 도움으로 간신히 살아남았습니다. 이러한 경험은 그의 삶을 지탱하는 철학이자 서점의 철학이 되었습니다. 그 덕분에 텀블위드는 이곳에서 또 다른 세상으로 통하는 마법 같은 경험을 할 수 있게 되었지요.

"그 무렵 무척 가난했던 나는 실비아 비치의 도서 대여점 셰익스피어 앤 컴퍼니에서 책을 빌리곤 했다. 겨울이 되면 찬바람이 휘몰아치는 거리에 있는 그 서점은 지나가는 사람들을 위해 입구에 커다란 난로를 피워 놓았다. 따뜻하고 멋진 곳이었다. … 실비아는 나를 믿을 이유가 전혀 없었는데도 나를 더할 나위 없이 호의적으로 대했다."

– 어니스트 헤밍웨이, 《파리는 날마다 축제》 중에서

책을 살 돈이 없었던 헤밍웨이에게 선뜻 책을 빌려준 실비아 비치는 1919년 파리 오데옹 12번가에 서점이자 도서 대여점을 열었습니다. 엄밀히 따지면, 현재의 서점은 실비아의 친구였던 조지 휘트먼이 장소를 옮겨 셰익스피어 탄생 400주년을 기념하며 새롭게 시작한 곳입니다. 조지 휘트먼은 외동딸의 이름도 실비아 비치를 기리기 위해 '실비아 비치 휘트먼'으로 지었습니다.

오늘날 낯선 사람 만나는 것을 두려워하는 우리에게 실비아 휘트먼은 말했습니다.

"이민자나 난민에 대한 논의를 보면 인간 사이의 소통이 중요하다는 걸 계속 상기하게 됩니다. 인간 사이의 소통은 책에서 찾을 수 있어요. 아버지는 늘 저에게 '넌 외동이지만 전 세계에 수많은 텀블위드 형제자매들이 있다'고 하셨어요."

더 깊이 보기

있으려나 서점
요시타케 신스케 지음 / 온다 / ★★★

책을 중심으로 전개되는 독특하고 흥미로운 이야기들로 가득 찬 책입니다. 책을 사랑하는 독자들뿐만 아니라 책과 관련된 일을 하는 모든 사람에게 새로운 시각을 제공합니다.

The I Wonder Bookstore / Shinsuke Yoshitake / Chronicle Books / ★★★

Sylvia's Bookshop
Robert Burleigh / Simon & Schuster / ★★

로버트 버레이의 인물 시리즈 중 하나로, 파리의 전설적인 서점 셰익스피어 앤 컴퍼니의 소유주인 실비아 휘트먼을 소개하는 책입니다.

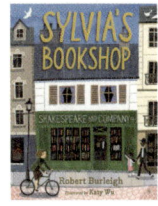

유럽의 다양한 요리를 소개해요!

유럽에서 가장 맛있고 고급스러운 음식을 즐길 수 있는 나라는 단연 프랑스예요! 프랑스는 터키, 중국과 함께 세계 3대 요리 국가로 불리기도 해요. 지중해와 기름진 평야 사이에 위치해 신선한 해산물, 채소, 곡물이 항상 풍부합니다. 세계 최고의 레스토랑 평가서로 자리 잡은 《미쉐린 가이드》도 프랑스에서 만들었답니다.

'미쉐린Michelin'은 프랑스어로 미슐렝이에요. 앙드레 미슐랭과 에두아르 미슐랭이라는 두 형제가 1888년 프랑스 중부에 자신들의 이름을 내걸고 '미쉐린'이라는 타이어 회사를 차렸습니다. 앙드레 미슐랭은 타이어 판매량을 늘릴 방법을 고민하다 운전자들을 위해 프랑스의 도로 법규, 주유소 위치, 식당 정보를 담은 《미쉐린 가이드》라는 책을 만들었어요. 식당 정보에는 별점을 표시했는데, 별 1개는 아주 좋은 식당, 2개는 길을 돌아서 갈 만한 가치가 있는 식당, 3개는 특별히 찾아갈 만한 가치가 있는 식당을 의미합니다.

푸아그라 *Fois Gras*
프랑스어로 '살찐 간(기름진 간)'을 뜻하는 푸아그라는 강제로 사료를 많이 먹인 거위 간을 이용해 만든 요리입니다.

트뤼프 Truffe

우리말로는 송로버섯, 영어로는 트러플truffle이라고 합니다. 땅속 나무뿌리에서 자라며 돌멩이와 비슷하게 생겨서 발견하기 어렵습니다. 냄새 잘 맡는 훈련을 받은 돼지나 개가 떡갈나무 숲에서 찾아내며, 고귀한 향기와 가치가 있다고 해서 '요리의 다이아몬드'라 불려요.

에스카르고 Escargot

프랑스어로 '달팽이'를 뜻하는 에스카르고는 끓는 물에 데친 달팽이 살을 마늘, 양파, 버터와 함께 볶은 다음, 달팽이 껍데기에 버터와 함께 채워 넣어 완성하는 요리입니다.

바게트 Baguette

프랑스어로 '막대기'를 뜻하는 바게트는 길고 얇은 빵으로, 프랑스 식사의 기본이자 대표적인 빵입니다.

코코뱅 Coq Au Vin

'코코'는 수탉, '뱅'은 와인이라는 뜻으로, 레드 와인에 채소와 닭고기 등을 넣고 푹 고아 만든 요리입니다. 프랑스에서는 국물 요리를 주로 서민적인 음식으로 여기지만 코코뱅은 와인을 사용해 고급 음식으로 인식합니다.

샤토브리앙 Châteaubriand

프랑스 지폐에도 등장했던 작가이자 정치인, 샤토브리앙의 개인 요리사가 처음 만든 프랑스식 안심 스테이크입니다.

라타투이 Ratatouille

토마토소스 베이스에 다양한 채소를 조려 만든 음식으로, 디즈니 영화 〈라따뚜이〉에서 주인공 레미가 요리하는 모습으로 더 유명해졌습니다.

1 역사

부야베스 *Bouillabaisse*
마르세유 지방의 전통 음식으로 생선과 다양한 해산물, 마늘, 양파, 감자 등을 넣고 끓여 만든 토마토 스튜입니다. 우리나라의 생선찌개와 비슷한 모양이지만 토마토와 허브가 들어간 진한 국물 맛이 인상적이에요.

마카롱 *Macaron*
아몬드 가루와 달걀흰자로 만든 바삭한 쿠키 사이에 다양한 필링을 채운 프랑스의 대표 디저트입니다. 겉은 바삭하고 속은 쫄깃한 식감이 특징이에요.

크렘 브륄레 *Crème brûlée*
커스터드 크림에 얇고 바삭한 캐러멜을 덮은 디저트입니다.

크레이프 *Crêpe*
크레이프는 '둥글게 말다'라는 뜻의 라틴어 '크리스푸스crispus'에서 유래한 이름으로, 프랑스식 얇은 팬케이크입니다.

영국 요리

잉글리시 브렉퍼스트, 애프터눈 티, 샌드위치, 스콘, 피시 앤 칩스, 빅토리아 스펀지케이크 등 전 세계에 널리 퍼진 영국 요리가 많습니다. 그런데도 왜 영국 요리는 맛이 없기로 유명할까요? 영국에서는 산업 혁명 이후 바쁜 일상이 지속되면서 샌드위치 같은 간편 음식들이 인기를 끌었습니다. 일조량이 부족하니 신선한 채소와 과일이 부족해서 고기와 감자 요리가 주를 이루었지요. 그럼에도 영국 요리는 방대한 저작물과 기록을 보유하고 있으며, 문화적 영향력에서 여전히 중요한 위치를 차지하고 있습니다.

영국의 시골을 여행하다 보면, 맛집으로 꼽히는 곳은 대부분 '피시 앤 칩스' 가게입니다. 19세기 중반 산업 혁명 시기에 여성들이 공장에서 일하기 시작하면서 아침 식사를 준비할 시간이 부족해지자, 한 음식점 주인이 이를 해결할 방법을 고안했어요. 생선의 껍질을 벗기고 뼈를 발라낸 후 소금과 후추로 간을 한 밀가루 반죽을 입혀 튀겨 내고 구운 감자와 함께 팔았습니다. 1860년 대에는 대도시 곳곳에 피시 앤 칩스 전문점이 등장했고, 제1차 세계 대전 동안에는 영국인들에게 배고픔을 덜어 주는 중요한 음식이 되었습니다.

피시 앤 칩스 *Fish and Chips*

두툼한 튀김옷을 입힌 생선과 감자튀김으로 만든 영국의 대표 요리입니다. 생선은 주로 대구Cod나 해덕대구Haddock 같은 흰살 생선을 사용하며, 타르타르 소스를 곁들여 먹어요. 영국의 학교 급식에 금요일마다 피시 앤 칩스가 나와서 "피시 프라이데이Fish Friday"라고 부르기도 해요.

로스트 비프 *Roast Beef*

소고기를 통째로 오븐에 천천히 구워 만드는 요리로, 주로 등심이나 안심을 사용합니다. 겉은 바삭하고 속은 부드럽게 익히며, 주로 그레이비 소스와 함께 먹어요. 영국인들이 좋아하는 요리 1위에 자주 뽑힐 정도로 축제나 특별한 행사에서 즐겨 먹습니다.

애프터눈 티 *Afternoon Tea*

차와 함께 다양한 샌드위치, 스콘, 케이크 등을 즐기는, 영국의 전통적인 오후 간식입니다. 보통 오후 3시에서 5시 사이에 제공되며, 고급스럽고 여유로운 분위

기를 즐길 수 있어요.

ENGLISH BREAKFAST

잉글리시 브렉퍼스트 English Breakfast
《달과 6펜스》의 작가 서머싯 몸은 "영국에서 잘 먹고 싶다면 아침을 세 번 먹으라"라고 했어요. 다른 음식은 형편없지만 아침 식사만큼은 훌륭하다는 뜻이지요. 구운 베이컨, 달걀, 버섯, 토마토, 베이크드 빈, 블랙 푸딩(영국식 순대)과 함께 주스나 차, 커피를 곁들여 먹습니다.

선데이 로스트 Sunday Roast
영국의 전통적인 일요일 점심 식사로 로스트 비프, 요크셔 푸딩, 구운 감자, 다양한 채소에 그레이비 소스를 부어 먹는 한 접시 요리입니다.

SUNDAY ROAST
YORKSHIRE PUDDING

요크셔 푸딩 Yorkshire Pudding
요크셔에서 탄생한 짭짤한 푸딩으로 밀가루, 달걀, 우유를 반죽해 오븐에 구워 만듭니다. 주로 로스트 비프와 함께 먹으며, 바삭한 겉면과 부드러운 속이 특징이에요.

스카치위스키 Scotch Whisky
스코틀랜드 지방에서 4~5세기경부터 제조한 위스키로, 주로 보리와 물을 주원료로 사용하며 최소 3년 이상 오크통에서 숙성시켜요. 세계에서 가장 많이 소비되는 술 중 하나입니다.

SCOTCH WHISKY

샌드위치 Sandwich
18세기 영국에서 샌드위치 백작이 카드 게임을 하면서 먹을 수 있는 음식을 생각하다 만들어 낸 요리입니다. 빵 사이에 고기, 치즈, 채소 등을 넣어 만든 간편식으로, 전 세계적으로 인기 있는 메뉴이지요.

SANDWICH

패스티 *Pasty*

영국 콘월 지방의 요리로 고기, 감자, 양파 등을 밀가루 반죽에 넣어 구운 파이입니다. 간편하게 들고 먹을 수 있어 광부들의 점심으로 인기를 끌었으며, 오늘날 다양한 재료로 즐겨 먹어요.

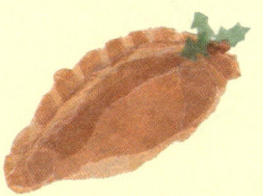

트리클 타르트 *Treacle Tart*

골든 시럽, 빵가루, 레몬 제스트를 섞어서 파이 크러스트에 채운 후 구워 냅니다. 해리포터가 가장 좋아하는 디저트로 유명해졌으며 바삭한 크러스트와 달콤한 필링이 특징이에요.

② 예술

아름다움이란 무엇일까?

프랑스, 파리
세계에서 가장 큰 박물관

📍 75001 Paris, France

루브르 박물관
Louvre Museum

프랑스 파리에 있는 세계에서 가장 큰 박물관입니다. 드농관, 리슐리외관, 쉴리관 등 세 부분으로 구성되어 있고, 세 관이 둘러싼 중앙에는 유리 피라미드가 박물관의 상징처럼 세워져 있습니다. 레오나르도 다빈치의 〈모나리자〉를 비롯해 기원전 2세기에 만든 〈사모트라케의 니케〉, 세계 최초의 법전인 〈함무라비 법전〉 등 역사적인 유물과 작품이 가득합니다.

(교과서 어디에?) **초등 3학년 미술:** 다른 나라의 미술관과 박물관

박물관을 뜻하는 뮤지엄 Museum 은 뮤즈 Muse 에서 유래한 말입니다. '뮤즈'란 그리스 신화에서 제우스와 기억의 여신 므네모시네 사이에서 태어난 학문과 예술의 여신들이에요. 박물관에 왜 가야 하느냐고 묻는다면, 인생의 추억을 되새기고 기억하며 창의적인 영감을 얻기 위해 방문한다고 답할 수 있을 것 같아요.

　파리의 루브르 박물관은 세계에서 가장 많은 미술품을 소장하고 있는 박물관으로 유명합니다. 영국의 대영 박물관, 이탈리아의 바티칸 박물관과 함께 세계 3대 박물관으로 손꼽히지요. 미술품과 유물을 38만여 점이나 소장하고 있고, 그중 3만 5000점 정도를 전시하고 있어요. 한 작품을 1분씩만 감상한다 해도 전체 작품을 보려면 하루 24시간을 투자해도 24일이 넘게 걸린답니다.

　루브르 박물관은 원래 궁전으로 쓰이던 곳인데, 1789년 7월 프랑스 혁명을 계기로 박물관이 되었어요. 왕족이나 귀족의 소유물이었던 미술품을 대중에게 공개하기로 결정한 것이지요. 이후 나폴레옹은 전쟁에서 승리한 전리품으로 루브르를 채웠고, 이름을 '나폴레옹 박물관'으로 바꾸기도 했습니다.

　루브르 박물관에 전시된 엄청난 크기의 걸작 〈나폴레옹 1세의 대관식〉을 볼까요? 1804년 나폴레옹은 국민 투표를 통해 황제로 즉위했습니

자크 루이 다비드, 〈나폴레옹 1세의 대관식〉
1806~1807년 / 621×979cm / 캔버스에 유채 / 루브르 박물관

다. 나폴레옹은 대관식을 준비하며 로마 교황을 파리로 초대했어요. 교황은 '나폴레옹이 무릎을 꿇으면 내가 황제 관을 씌울 테고, 그러면 잃어버린 교회의 권위를 다시 찾을 수 있겠지?'라고 생각하며 흔쾌히 요구에 응했지요. 그러나 실제 대관식은 교황의 상상과는 완전히 달랐습니다. 나폴레옹은 누구의 힘도 빌리지 않은 채 스스로 황제의 관을 썼고, 교황은 힘없이 손을 늘어뜨리고 있었습니다. 화가 다비드는 처음에는 그 모습 그대로 그렸지만, 교황청의 항의를 받아 나폴레옹이 황후 조제핀에게 관을 씌워 주는 모습으로 수정했습니다. 교황은 표정은 굳었지만 손을 들어 나폴레옹과 황후를 축복하는 모습으로 바뀌었어요. 이 그림을 자세히 살펴보면 변경되기 전의 스케치 자국을 발견할 수 있습니다.

루브르 박물관 앞 유리 피라미드.

루브르 박물관 앞에는 유리 피라미드가 있습니다. 프랑스 혁명 200주년을 기념해 중국계 미국인 건축가 이오 밍 페이가 설계한 것입니다. 페이는 루브르의 긴 동선 문제를 지적하며, 나폴레옹 광장에 피라미드를 세워 중앙 입구를 만들고 땅을 파서 지하에 중앙 홀을 만들었습니다. 지

유리 피라미드 안쪽 중앙 홀.

하 공간에는 역피라미드를 만들어 빛을 최대한 끌어들이는 동시에 조형미도 고려했지요. 처음에는 프랑스의 심장에 이집트의 피라미드를 심는 꼴이라며 비난을 받았지만 지금은 유리 피라미드만 보기 위해 찾는 사람도 많을 정도로 사랑받고 있습니다. 페이는 "피라미드는 영원을 상징합니다. 따라서 이 피라미드가 있는 한 루브르는 영원할 것입니다"라고 말했습니다.

더 깊이 보기

루브르 박물관에 온 걸 환영해!
이미지 놀이터 지음 / 다빈치기프트 / ★★

어린이 세계 미술관 시리즈의 두 번째 책. 주인공 보리의 아빠가 그림엽서를 통해 루브르 박물관의 대표 명작들을 재미있는 이야기로 소개하는 책입니다.

나폴레옹 보나파르트
남찬숙 지음 / 비룡소 / ★★★

초등 저학년 어린이를 위한 새싹 인물전 시리즈의 개정판. 나폴레옹의 일대기를 통해 그의 독재자로서의 업적과 성격에 대한 평가를 다루며, 진정한 지도자의 모습을 생각해 보게 합니다.

Napoleon: The Story of the Little Corporal
Robert Burleigh / Simon & Schuster / ★★★

로버트 버레이의 인물 시리즈 11권 중 하나. 나폴레옹의 일대기를 다비드의 〈나폴레옹 1세의 대관식〉과 〈알프스를 넘는 나폴레옹〉, 고야의 〈1808년 5월 3일〉이라는 명화와 함께 설명합니다.

프랑스, 파리
진정한 아름다움을 찾은 로댕

📍 77 Rue de Varenne, 75007 Paris, France

로댕 미술관
Rodin Museum

조각가 오귀스트 로댕의 작품을 전시하고 있는 미술관으로 '비롱 저택'이라고도 합니다. 로댕은 이곳에서 지내며 작품을 만들고 전시회를 열었으며, 모든 작품을 국가에 기증했습니다. 미술관 내부 1층에는 로댕의 유년 시절 작품과 습작, 2층에는 로댕이 수집한 작품들이 전시되어 있습니다. 정원에서는 내부에서 감상한 습작들의 완성본을 볼 수 있습니다.

교과서 어디에? 초등 3학년 미술: 로댕

로댕 미술관은 파리에서 가장 아름다운 미술관으로 손꼽힙니다. 창문을 통해 쏟아져 내려온 햇살이 로댕의 조각 작품들을 비추고, 정원은 초록 잎으로 둘러싸여 있지요.

로댕은 "예술에서는 거짓된 것, 자연스럽지 않은 것, 예쁜 척 꾸미는 것이 추한 것이다. 겉멋을 부리는 것, 아양을 떠는 것, 억지로 웃는 것, 거짓말을 하는 것, 이 모두가 추하다"라고 말했습니다. 로댕이 좌절의 시간 없이 성공의 길만 걸었다면 이런 소중한 지혜를 깨닫지 못했을 것입니다.

로댕은 파리의 가난한 동네에서 경찰관의 아들로 태어났습니다. 빵 포장 종이에 그림을 그리거나 엄마와 밀가루 반죽으로 재미있는 형태의 과자 만드는 걸 좋아했습니다. 열네 살이 되던 해에는 예술가가 되는 것을 반대하는 아버지의 허락을 겨우 받아 '프티 에콜 Petite École'이라 부르는 국립공예기술학교에 입학했고, 그곳에서 르코크 선생님을 만났습니다. 르코크 선생님은 학생들을 데리고 루브르 박물관에 가서 예술가의 그림을 머릿속에 기억하고 다시 그려 보는 기술을 가르쳤습니다. 단순하게 따라 그리는 것이 아니라 뇌를 효과적으로 발달시키는 방법이었지요. 로댕은 일흔세 살이 되어서도 르코크 선생님에게 배운 것을 여전히 기억하고 있으며 큰 도움이 되었다고 말했습니다.

로댕은 프티 에콜에서 탄탄하게 예술적 기초를 쌓으며 상도 많이 탔지

만, 국립미술학교 시험에는 세 번이나 떨어졌습니다. 실의에 빠진 그에게 예술가가 되는 것을 반대하던 아버지가 격려 편지를 보냈습니다.

"사랑하는 아들 로댕에게, 오늘은 노력이란 무엇인지에 대해 한마디 하고 싶구나. 사람은 누구나 원하는 것을 이룰 수 있단다. 대신 진심 어린 마음으로 그것을 원해야 한단다. 진심으로 무언가를 원하면 의지가 생기지. 그러면 그 힘으로 원하는 것을 성취할 수 있어."

아버지의 격려 덕분에 좌절의 시간은 행운의 시간이 되었습니다. 국립미술학교 입학시험을 준비하면서 동물과 사람을 관찰하며 아름다움이라는 가치에 대해 다시 생각할 수 있었습니다. 로댕은 모델을 구할 돈이 없어 이웃에 사는 할아버지 비비를 그리기 시작했는데, 시간이 흐를수록 비비의 얼굴에 깊이 빠져들며 깨달음을 얻었습니다. 비비의 얼굴은 삶의 고난에 번번이 얻어맞으며 코가 일그러지고 볼품없어 보였지만, 어려움을 극복하고 화해와 인내심으로 가득 찬 표정을 하고 있었지요. 로댕 미술관에 가면 비비의 얼굴을 조각한 〈코가 일그러진 남자〉라는 작품을 볼 수 있습니다.

《탈무드》라는 책에도 비슷한 이야기가 나옵니다. 공주가 어떤 학자에게 못생겼다고 함부로 말하자, 학자는 "왕궁에서는 왜 귀한 술을 금이나 은 그릇에 담지 않고 질그릇에 담아 두나요?"라고 물었습니다. 이 말을 들은 공주는 왜 귀한 술을 흙으로 빚은 질그릇에 담아 뒀지 싶어 금그릇과 은그릇에 옮겨 담았지요. 그러자 얼마 후 술맛이 변해 버렸습니다. 이에 공주가 학자에게 왜 그런 말을 했느냐고 따져 물으니, 학자는 "귀한 것이라도 보잘것없는 그릇에 담아 두는 게 훨씬 나을 때가 있어요"라고 답

오귀스트 로댕, 〈코가 일그러진 남자〉
1864년 / 58×41.5×23.9cm / 대리석 / 로댕 미술관

했습니다.

  로댕이 〈코가 일그러진 남자〉를 미술 대회에 처음 출품했을 때는 인정받지 못했습니다. 심사위원들이 신처럼 완벽한 비율을 갖춘 젊은 남자의 얼굴이나 눈부신 영웅의 얼굴만 예술로 인정했기 때문입니다. 하지만 10년 후 같은 작품을 출품했을 때는 수상의 영광을 누렸지요. 로댕이 유명한 이유 중 하나는 보통 사람의 얼굴을 모델 삼아 조각 작품을 만들었다는 점입니다. 로댕의 작품은 "예술은 아름다움 없이도 아름다울 수 있을까"라는 질문을 던지며, 우리가 아름다움을 정의하는 방식을 다시 생각하게 만듭니다.

 **더 깊이 보기**

로댕의 미술 수업
크리스티나 뷜레 위리베 지음 / 톡 / ★★

예술톡 시리즈 9권 중 하나. 로댕의 어린 시절을 통해 천재의 가장 중요한 조건과 노력에 대한 이야기를 담고 있습니다.

프랑스, 아를
고흐의 감정이 담긴 노란빛

📍 Pl. Félix Rey, 13200 Arles, France

에스파스 반 고흐
Espace Van Gogh

고흐가 입원했던 아를의 정신 병원입니다. 고흐는 이곳에서 〈아를 병원의 정원〉을 그렸습니다. 지금은 문화 센터로 운영되고 있으며, 그림을 보고 찾아오는 관광객들을 위해 그림과 같은 색으로 외관을 칠했습니다. '에스파스'는 프랑스어로 장소라는 뜻입니다.

교과서 어디에? **초등 6학년 미술:** 반 고흐, 〈아를의 침실〉

"나는 삶에 어떠한 확신을 가지고 있지 않다. 하지만 별을 보는 것은 언제나 나를 꿈꾸게 한다."

– 빈센트 반 고흐

　별이 유난히 빛나는 도시 아를은 고흐가 가장 사랑한 도시입니다. 고흐가 〈별이 빛나는 밤〉에서 강한 붓놀림으로 그린 노란색 별은 온 세상을 흐물흐물하게 녹여 버릴 기세로 생동감이 넘칩니다. 우울한 마음으로 아를에 처음 도착했을 때는 하늘을 어두운 파란색으로 표현했지만, 시간이 흐르면서 그곳이 따뜻하고 활기찬 도시라는 걸 알게 됐지요. 실제로 아를은 1년 중 맑은 날이 300일이 넘습니다. 현재는 바닥 곳곳에 고흐가 걷는 모습을 새긴 동판이 있고, 그림의 배경이 된 장소에는 그곳을 그린 고흐의 그림이 세워져 있습니다.

　고흐는 1853년에 네덜란드 남부에서 목사의 아들로 태어났습니다. 열여섯 살에 삼촌의 큰 화랑에서 일을 시작한 고흐는 동생 테오와 함께 화상(그림을 파는 사람)의 길을 걸었습니다. 그러나 사랑에 실패하고 해고까지 당하면서 실의에 빠져 있다 스물일곱 살에 화가가 되기로 결심합니다. 테오 덕분에 로트렉, 쇠라, 고갱과 같은 화가들도 만났지요.

　강렬한 햇빛이 만들어 내는 풍부한 색채에 관심이 많았던 고흐는 아를

고흐가 그린 〈밤의 카페 테라스〉의 실제 장소에 세워진 고흐의 그림.

이라는 도시에 매료되어 그곳에서 열심히 작업에 몰두했습니다. 동료 화가들과 화가 공동체 마을도 만들고 싶었지만 초대에 응한 건 고갱뿐이었지요. 비극이 시작되리라는 것을 전혀 예상치 못한 채 두 사람은 동거를 시작했습니다.

처음에는 두 사람 사이에 큰 문제가 없었습니다. 그러나 시간이 흐를수록 두 사람은 성격과 그림에 대한 견해 차이로 점점 멀어져 갔습니다. 화가 밀레에게 영향을 받은 고흐는 현실을 사실적으로 담아내는 것을 좋아했지만, 고갱은 기억과 상상력을 바탕으로 재구성하는 것을 좋아했습니다. 이런 두 사람의 차이가 뚜렷하게 나타난 것이 카페 드 라가르를 운영하던 주인 지누의 초상화입니다. 지누 부인은 고흐가 아를에 정착할 수 있도록 많은 도움을 주었습니다. 고흐는 감사한 마음을 담아 자수가 놓인 우아한 옷을 입고 책을 들고 생각에 잠긴 지누 부인의 초상화(〈아를의 여인〉)를 그렸습니다. 그러나 고갱은 술잔을 앞에 두고 남자를 유혹하는 술집 주인의 모습으로 지누 부인을 그렸지요(〈아를의 밤의 카페〉). 배경에 그린 사람들도 고흐에게는 고마운 사람들이었지만 고갱은 모두 술꾼으로 표현해 버렸습니다.

같은 인물을 완전히 다르게 그린 것처럼 두 사람은 사람과 세상을 바라보는 시각이 달랐습니다. 파리에서 태어났지만 페루에서 어린 시절을 보내며 세계를 떠돈 고갱은 원초적이며 이국적인 섬으로 떠나고 싶어 했습니다. 고갱은 고흐의 동생 테오가 거처와 경제적인 도움을 준다고 해서 잠시 머물다 떠날 생각으로 아를에 온 것이었지요. 반면 고흐는 고갱과 오래 함께 머물며 예술적으로 성장하기를 꿈꿨습니다. 그러나 맞지

빈센트 반 고흐,
〈아를의 여인〉
1888년 / 92.5×73.5cm
캔버스에 유채 /
오르세 미술관

폴 고갱,
〈아를의 밤의 카페〉
1888년 / 72×92cm
캔버스에 유채 /
모스크바 푸시킨 미술관

않는 마음은 시간이 지날수록 더 멀어졌고, 고갱이 아를에 온 지 두 달 만에 파국으로 끝났습니다. 술집에서 술을 마시다 분노가 폭발한 고흐가 정신병 발작을 일으켰고, 면도칼로 자신의 귀를 자른 것입니다.

고흐는 결국 생 레미에 있는 정신 병원에 입원했고, 화가로서 제대로 인정받지 못한 채 외롭게 죽음을 맞이했습니다. 하지만 이후 동생 테오의 부인이 고흐의 작품과 고흐와 테오가 주고받은 편지를 세상에 알렸고, 후세에 걸쳐 역사상 최고의 화가로 평가받고 있습니다.

🔍 더 깊이 보기

📕 위대한 두 화가의 만남, 고흐와 고갱
루치아 미누노 지음 / 시공주니어 / ★★

세계 미술의 거장 고흐와 고갱의 그림을 비교하며 감상할 수 있는 책입니다. 두 사람은 어떻게 살았고, 어떤 그림을 그렸을까요?

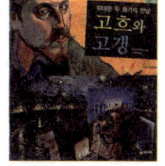

📕 빈센트 반 고흐
루시 브라운리지 지음 / 책읽는곰 / ★★

고등학교 세계사 교과서에 유럽으로 감자가 전해진 역사를 보여주는 작품으로 소개되는 〈감자 먹는 사람들〉부터 〈별이 빛나는 밤〉까지, 빈센트 반 고흐의 삶과 작품을 이야기로 전합니다.

 Vincent Van Gogh / Lucy Brownridge / Wide Eyed Editions / ★★★

📕 그림처럼 살다간 고흐의 마지막 편지
장세현 지음 / 채우리 / ★★★

반 고흐가 남긴 편지 형식으로 그의 치열한 삶과 그림에 숨겨진 이야기를 친구에게 전하듯 생생하게 전합니다.

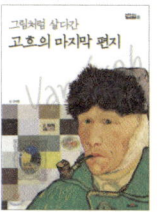

프랑스, 지베르니
모네의 빛과 그림자

📍 84 Rue Claude Monet, 27620 Giverny, France

클로드 모네의 정원
Claude Monet's Garden

화가 클로드 모네가 약 43년 동안 살면서 가꾼 정원으로 프랑스 지베르니에 있습니다. 〈수련〉, 〈정원의 길〉 등 모네의 다양한 작품이 탄생한 곳이며, 작품 속 풍경이 그대로 유지되어 있습니다.

(교과서 어디에?) **초등 5학년 미술:** 모네

소란한 일상을 벗어나 조용한 곳에서 혼자 있는 시간을 즐기고 싶을 때는 어디로 가면 좋을까요? 그럴 때 미술관을 방문하면 나에게 말을 건네는 듯한 작품을 만날 수도 있습니다. 프랑스 파리에 있는 오랑주리 미술관은 미술에 대해 잘 모르는 사람도 그림에 조용히 푹 빠져들 수 있는 곳입니다. 그곳에는 길이 91m, 높이 2m인 클로드 모네의 〈수련〉 연작 8점을 감상할 수 있는 특별한 공간이 있습니다. 큰 창문을 통해 햇빛이 들어오면 작품을 둘러싼 흰 공간이 더욱 밝고 따뜻하게 느껴집니다. 이 작품을 보고 감동받은 사람들은 작품의 배경이자 모네가 직접 가꾼 정원이 고스란히 남아 있는 집을 방문하기도 합니다.

　모네의 집은 파리 근교 노르망디의 작은 마을 지베르니에 있습니다. 모네는 이곳에서 커다란 방 두 개를 채울 정도로 큰 그림을 그리고, 집과 정원을 가꾸며 여든여섯 살까지 살았습니다. 이곳을 둘러보면 모네는 고흐와 달리 밝게 빛나는 인생을 살았을 것 같지만, 모네에게도 짙은 그림자가 드리우던 시절이 있었지요.

　1865년에 모네는 모델 카미유와 사랑에 빠졌는데, 모네의 부모는 카미유가 직업 모델 출신이라는 이유로 둘의 사이를 강하게 반대하며 경제적 지원을 중단했습니다. 모네는 매우 곤궁해졌지만 사랑하는 카미유와 첫째 아들 장을 생각하며 그림을 계속 그렸습니다. 그림 속에는 늘 아

오랑주리 미술관에 전시된 모네의 〈수련〉.

내와 아들이 등장했지요. 그러나 카미유는 둘째 아들을 낳은 후 서른두 살의 젊은 나이에 세상을 떠났습니다. 이후 모네는 알리스와 재혼했고, 그때부터 작품이 날개 돋친 듯 팔려 부를 거머쥐고 지베르니로 이사했습니다.

  모네의 마음을 정확히 알 수는 없지만 모네가 그림으로 남기고 싶었던 여인은 카미유 한 사람이었던 것 같습니다. 카미유가 세상을 떠나고 난 뒤부터는 작품 속에서 인물의 얼굴을 명확하게 그리지 않았지요. 1875년에 그린 〈파라솔을 들고 있는 여인〉에 카미유와 첫째 아들 장의 얼굴을 그린 것과는 달리, 1886년에 그린 〈파라솔을 든 여인〉은 알리스와 딸 수잔을 그렸지만 이목구비를 전혀 표현하지 않았어요. 그리고 인물화보다는 풍경화를 더 많이 그렸습니다.

모네에게 수련 연작은 단순한 그림이 아니었어요. 그가 사랑했던 정원과 빛의 흔적을 담은 소중한 기록이었지요. 지베르니의 정원은 모네가 직접 설계하고 가꾼 곳으로, 연못과 일본식 다리까지 그의 손길이 닿아 있었습니다. 그는 물결 위에 비치는 빛을 그림에 담으며 평생 연구했던 빛과 색을 수련으로 표현해 냈습니다.

클로드 모네의 집에 걸려 있는 〈파라솔을 든 여인〉.

더 깊이 보기

📕 모네의 정원에서
크리스티나 비외르크 지음 / 미래사 / ★★

리네아는 블룸 할아버지와 함께 모네의 작품이 있는 미술관과 작품 속 장소를 경험합니다. 그 여정을 통해 모네의 삶과 인상파 그림의 특징을 발견할 수 있습니다.

📕 모네 : 순간을 그린 화가들
수잔나 파르취, 로즈마리 차허 지음 / 다림 / ★★

모네의 작품을 중심으로 그의 일생과 당시의 시대상을 함께 살펴봅니다. 그림마다 숨겨진 이야기와 인상파의 개념을 쉽고 재미있게 전합니다.

바티칸
미켈란젤로의 천지창조

📍 00120 Vatican City

바티칸 미술관
Vatican Museums

바티칸은 이탈리아의 로마시에 있는 세계에서 가장 작은 나라입니다. 이곳에 바티칸 미술관, 시스티나 성당, 성 베드로 대성당 등이 있습니다. 바티칸 미술관 라파엘로 방의 〈아테네 학당〉, 시스티나 성당 천장에 그린 천장화, 성 베드로 대성당 내부에 있는 〈피에타〉 등을 보기 위해 수많은 사람이 찾아갑니다.

교과서 어디에?
초등 6학년 사회: 세계 여러 나라의 영토 크기
초등 6학년 미술: 미켈란젤로

인류 역사에서 예술과 문화가 가장 찬란하게 빛나던 시기는 르네상스 시대입니다. 미켈란젤로, 라파엘로, 레오나르도 다빈치가 르네상스 시대를 대표하는 천재 예술가들이지요. 교황 율리우스 2세는 미켈란젤로와 라파엘로를 바티칸으로 불러들여 불꽃 튀는 경쟁 관계를 만들었고, 이를 주도한 배후에는 성 베드로 대성당 건물 개축의 총괄 책임자 브라만테가 있었습니다.

　동시대 건축가였던 브라만테에게 미켈란젤로는 질투의 대상이었습니다. 그는 교황의 총애를 받는 미켈란젤로를 궁지로 몰아넣기 위해 조각가인 그에게 회화 프로젝트를 맡겼지요. '어디 고생 좀 해 봐. 회화를 제대로 배워 본 적도 없으니 망신만 당하겠지. 이번 일로 바티칸에서 넌 아웃이야!'라고 생각한 것이지요. 그렇게 시작된 프로젝트가 시스티나 성당에 있는 세계에서 가장 큰 천장화입니다.

　천장화 프로젝트 제안을 받은 미켈란젤로의 부담감과 거부감은 이루 말할 수 없었을 것입니다. 교황의 명령을 거역할 수 없었던 미켈란젤로는 마지못해 작업을 시작했지만 처절한 고통의 연속이었습니다. 고개를 젖히고 10분 동안 천장을 바라보는 것도 어려운 법인데, 길이 40m, 폭 13.6m의 휘어진 천장에 4년 동안 그림을 그렸으니까요. 그러나 안료가 눈에 들어가고 어깨가 오른쪽으로 뒤틀려도 그는 묵묵히 참고 작업을 이어 나갔습니다. 작업하던 장화를 벗으면 살점이 떨어질 정도로 오랜 시간 동안 육체적, 정신적 고통을 참아냈지요.

  어느 날 친구가 찾아와 "340여 명의 얼굴을 굳이 다 다르게 그려야 해? 천장 구석 자리는 잘 보이지도 않는데 뭐 하러 이렇게 공을 들여?"라고 걱정스레 묻자, 미켈란젤로는 "내가 안다"라고 대답했다고 합니다. 이러한 내적 동기를 우리는 "미켈란젤로 동기"라고 말합니다. 타인의 평가와 같은 외적 동기가 사라지면 흥미와 열정도 함께 사라지지만, 자신에게

미켈란젤로, 〈시스티나 성당 천장화〉
1508~1512년 / 41.2×13.2m /
프레스코 / 시스티나 성당

집중하는 내적 동기는 강력한 힘을 지니고 있습니다. 미켈란젤로 동기가 높은 사람일수록 행복하게 성공할 가능성이 높지요.

한편 미켈란젤로와 라파엘로는 서로 경쟁하며 사이가 좋지 않았습니다. 라파엘로는 미켈란젤로가 천장화 작업을 포기할 거라 생각했지요. 그러나 완성된 천장화를 본 그는 살아 움직이는 듯한 역동적인 표현력에 존경심을 느끼고 미켈란젤로의 기법을 배웠다고 합니다. 천장화가 처음 공개되었을 때 사람들은 그림이 조각처럼 느껴져 쏟아져 내릴까 봐 손으로 눈을 가렸을 정도였다고 해요.

더 깊이 보기

키라의 박물관 여행 7: 바티칸 미술관
허은경 지음 / 을파소 / ★★

키라의 박물관 여행 시리즈 10권 중 하나입니다. 바티칸 미술관의 핵심 작품 15점을 삼촌인 큐레이터의 안내로 감상하는 책입니다.

미술관에 간 윌리
앤서니 브라운 지음 / 웅진주니어 / ★

웅진 세계그림책 시리즈 8권 중 하나입니다. 다빈치의 〈모나리자〉, 미켈란젤로의 〈아담의 창조〉 등 세계 명화를 침팬지의 시선으로 재해석한 책입니다.

Willy's Pictures / Anthony Browne / Walker Books / ★★

대리석 거인: 미켈란젤로의 다비드 상
제인 서트클립 지음 / 북뱅크 / ★

미켈란젤로의 대리석 거인, 다비드상이 어떻게 만들어졌는지를 알려 줍니다.

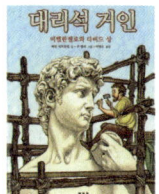

Stone Giant: Michelangelo's David and How He Came to Be / Jane Sutcliffe / Charlesbridge / ★★

노르웨이, 오슬로

절망 끝에 남은 그림

📍 Edvard Munchs Plass 1, 0194 Oslo, Norway

뭉크 미술관
Munch Museum

노르웨이 오슬로에 있는 뭉크 미술관은 표현주의 화가 에드바르 뭉크의 작품을 가장 많이 소장한 곳입니다. 대표작 〈절규〉를 비롯해 〈마돈나〉 등을 감상할 수 있으며, 뭉크의 유품과 스케치도 전시되어 있습니다. 현대적인 건축이 돋보이는 이곳은 뭉크의 예술 세계를 깊이 이해할 수 있는 공간입니다.

(교과서 어디에?) **초등 6학년 미술:** 뭉크, 〈절규〉

"하늘이 갑자기 핏빛으로 변했다. 나는 자연을 관통해서 들려오는 거대하고 끝없는 비명을 느꼈다."

노르웨이 오슬로에 있는 에케베르크 언덕을 걷다가 이런 감정을 느낀 에드바르 뭉크는 〈절규〉를 그렸습니다. 가장 불우한 삶을 살았던 예술가가 누구냐는 질문에 '고흐'라고 한다면, 뭉크에 대해 모르는 사람이라는 말을 어디선가 읽은 기억이 있습니다. 고흐는 어린 시절만큼은 적어도 뭉크보다 행복하게 보낸 것으로 알려져 있기 때문이지요. 뭉크의 어떤 사연 때문에 이런 이야기가 나오는 걸까요?

1863년, 뭉크는 노르웨이에서 군의관인 아버지와 자상한 어머니 사이에서 둘째로 태어났습니다. 그러나 어린 시절부터 가혹한 운명과 마주해야 했습니다. 뭉크가 다섯 살일 때 어머니가 결핵으로 세상을 떠

에드바르 뭉크, 〈절규〉
1910년 경 / 83.5×66cm /
판지 위에 유채, 템페라 / 뭉크 미술관

2 예술

에드바르 뭉크, 〈이별〉 1896년 / 96×127cm / 캔버스에 유채 / 뭉크 미술관

에드바르 뭉크, 〈병든 아이〉 1885~1886년 / 120×118.5cm / 캔버스에 유채 / 노르웨이 국립 박물관

에케베르크 언덕에서 보이는 풍경.

났고, 그가 열세 살일 때 누나마저 같은 병으로 세상을 떠난 것입니다. 뭉크 또한 잦은 병치레를 하며 불안하게 성장했지요. 아버지의 강요로 공대에 입학했지만 그만두고 왕립미술대학에 들어가는 바람에 아버지와의 갈등도 심했습니다.

뭉크는 사랑에도 모두 실패했습니다. 스물두 살 여름휴가 때 운명적으로 만난 여인은 이미 결혼한 상태였고, 그때의 절망감을 〈이별〉이라는 작품으로 남겼습니다. 이후 자신의 경험을 다양한 형태와 표현으로 그림에 담아냅니다. 〈병든 아이〉는 누나의 죽음을 회상하며 그렸지만 평론가들은 "그리다 망친 그림"이라며 조롱과 비판을 쏟아냈지요. 이 시기에는

 아버지가 뇌졸중으로 갑자기 세상을 떠나고 여동생은 정신 병원에 입원과 퇴원을 반복했습니다. 뭉크는 경제적인 어려움과 무거운 책임감을 떠안게 되었습니다.

 "죽은 사람들이 나에게 붙어 다니는 것 같다"고 말했을 정도로 힘들어했던 뭉크는 여든 살 생일을 앞두고 세상을 떠나며 세상을 깜짝 놀라게 했습니다. 그의 집 2층은 오랜 시간 출입이 금지되어 있었는데, 그가 세상을 떠난 뒤 개방해 보니 바닥에서부터 천장까지 그림 1008점, 판화 714점, 드로잉 4443점, 프린트 1만 5931점 그리고 다양한 사진과 일기가 탑처럼 쌓여 있었던 것입니다. 전쟁 중에 나치에게 작품을 압수당했던 경험, 개인적이고 소중한 공간으로 보호하고 싶었던 마음 때문에 뭉크가 이곳의 출입을 금지했던 것으로 추측하고 있습니다. 뭉크는 유언을 통해 모든 작품을 아무런 조건 없이 오슬로에 기증했고, 오슬로시는 그의 작품들을 소장하기 위해 1963년에 뭉크 미술관을 개관했습니다.

더 깊이 보기

뒤죽박죽 미술관
유주연 지음 / 책읽는곰 / ★

뭉크를 비롯한 유명한 작가들의 명화를 볼 수 있는 책입니다. 미술 작품 속 주인공들이 어떤 그림 속에 들어가 있는지 찾아보는 재미가 있습니다.

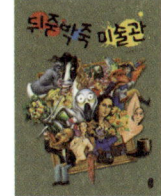

Augustine
Melanie Watt / Kids Can Press / ★★

꼬마 펭귄 어거스틴이 남극에서 북극으로 전학 가면서 벌어지는 이야기입니다. 예술적 감각이 있는 어거스틴은 뭉크의 〈절규〉 등의 그림으로 친구들과 친해집니다.

벨기에, 브뤼셀

상상으로 만든 새로운 세상

📍 Pl. Royale 1, 1000 Bruxelles, Belgium

마그리트 미술관
Magritte Museum

벨기에 브뤼셀에 있는 마그리트 미술관은 초현실주의 화가 르네 마그리트의 예술 세계를 만날 수 있는 곳입니다. 회화뿐만 아니라 그의 소묘, 판화, 광고 디자인, 사진, 초기작 등 덜 알려진 작품들도 전시되어 있습니다. 그의 대표작은 주로 해외 미술관에 있지만, 이곳에서는 마그리트가 어떻게 작품을 만들었는지 살펴볼 수 있습니다.

(교과서 어디에?)   초등 5학년 미술: 마그리트

만약 중절모를 쓴 남자들이 하늘에서 비처럼 쏟아진다면? 거울에 비친 내 모습이 앞모습이 아닌 뒷모습이라면? 신비롭기도 하고 불안하기도 한 이런 이미지를 그린 화가가 있습니다. 여러 예술가에게 영감을 준 화가 르네 마그리트입니다.

마그리트의 그림을 설명할 때 '데페이즈망Dépaysement'이라는 미술 용어를 많이 씁니다. 프랑스어로 '낯섦, 낯선 느낌'이라는 뜻으로, 어떤 물건이 있어서는 안 될 장소에 있는 것을 의미하지요. 마그리트는 요새 모양의 성이 중력을 벗어나 해변 위에 떠 있는 모습, 우산 위에 컵이 있거나 거대한 사과가 방 안을 꽉 채운 모습 등을 그렸습니다.

마그리트는 "제목은 그림을 설명하기 위한 것이 아닌 작품을 이어가는 것이다"라고 말했습니다. 마그리트는 1929년에 파이프를 사실적으로 그린 다음 그 아래 "이것은 파이프가 아니다"라는 문구를 넣었습니다. 분명 파이프를 그려 놓고 파이프가 아니라니, 대체 무슨 말일까요? 실제 파이프가 아니라 파이프 그림이라는 말일까요? 그의 작품은 볼수록 빠져들며 생각하게끔 만듭니다. 어쩌면 우리는 파이프 그림을 보고 단순히 '파이프'라고 습관적으로 받아들인 건 아니었을까요? 마그리트 작품을 통해 오랫동안 사용해 온 우리의 언어와 생각을 새로운 시각으로 확장시킬 수 있습니다. 마그리트가 우리를 다른 세상으로 데려가는 것입니다.

르네 마그리트, 〈이미지의 반역(이것은 파이프가 아니다)〉
1929년 / 60×81cm / 캔버스에 유채 / 로스앤젤레스 카운티 미술관

《해리 포터》를 읽다 보면 작가 조앤 롤링이 상상한 마법 학교 호그와트가 실제로 존재할 것 같은 느낌이 들고, 《찰리와 초콜릿 공장》을 읽다 보면 독특한 초콜릿 냄새가 느껴지는 듯하지 않았나요? 이처럼 상상력은 세계를 확장시키는 마법과 같은 힘이 있답니다. 마그리트의 그림을 보면서 여러분만의 엉뚱한 상상을 머릿속에 마음껏 그려 보세요.

더 깊이 보기

꿈의 화가, 르네 마그리트
클라스 베르블랑크 지음 / 주니어RHK / ★

서양 미술의 거장 르네 마그리트의 작품을 아이들의 눈높이에서 쉽고 흥미롭게 전합니다. 마그리트의 상상력을 배우고 싶다면 그림책 속 작품과 연관된 미술 활동을 하는 것을 추천해요.

 Magritte's Apple / Klaas Verplancke / MoMA / ★★

마법의 저녁 식사
마이클 갈런드 지음 / 보림 / ★

르네 마그리트의 그림에서 영감을 받은 이 그림책은 동물이 비처럼 내리고, 망치가 휘어지는 등 현실과 상상의 경계를 모호하게 만드는 이야기가 펼쳐집니다.

 Dinner at Magritte's / Michael Garland / Dutton Juvenile / ★★

Magritte's Marvelous Hat
D. B. Johnson / Houghton Mifflin / ★

르네 마그리트의 초현실주의 작품에서 영감을 받은 이 그림책은 마그리트라는 이름의 개가 마법의 모자를 발견하면서 창의력이 폭발하는 이야기를 담았습니다.

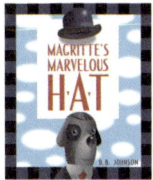

영국, 런던
아이들에게 예술이 필요한 이유

📍 65 Peckham Rd, London SE5 8UH, UK

사우스 런던 갤러리
South London Gallery

영국 런던에 있는 현대 미술관으로, 새롭고 재미있는 현대 미술 작품을 만날 수 있는 곳입니다. 1891년에 문을 열었으며, 전시뿐만 아니라 강연과 워크숍 같은 다양한 문화 행사가 열립니다. 미술관 안에 있는 또 다른 전시 공간에서는 지역 사람들과 함께하는 예술 활동도 활발하게 진행합니다.

교과서 어디에? **초등 3학년 미술**: 다른 나라의 미술관과 박물관

사우스 런던 갤러리는 1891년에 윌리엄 로시터가 설립한 현대 미술관입니다. "예술, 문학, 학습은 소수의 특권층이 아니라 모든 사람이 이용할 수 있어야 한다"는 신념으로 자신의 집 일부를 대중에게 개방해 소장한 책을 대여하는 것으로 시작했습니다.

사우스 런던 사람들에게 예술을 제공하겠다는 목표는 오늘날 어린이와 청소년을 위한 다양한 프로그램으로 실현되고 있습니다. 이는 런던의 다양한 갤러리 사이에서 사우스 런던 갤러리가 성공적으로 자리 잡으며 차별화되는 요소입니다.

사우스 런던 갤러리에서는 매주 일요일에 '선데이 스폿Sunday Spot'이라는 무료 프로그램을 여는데, 세 살에서 열두 살 사이 아이가 있는 가족은 누구나 참석할 수 있습니다. 예술가들이 주도해 약 2시간 동안 어디서도 경험하기 힘든 특별한 예술 활동을 제공하지요. 주제는 예술가들에 따라 주기적으로 변경됩니다.

예를 들면 예술가 제시카 조던-렌치Jessica Jordan-Wrench는 시를 만드는 놀이를 진행했습니다. 아이들이 시를 벽에 그림으로 표현하고, 음성 녹음 장치 '딕타폰Dictaphone'으로 녹음한 내용을 작업 공간에 울려 퍼지게 하며 시를 새롭게 경험하게 했어요. 영화와 스토리텔링으로 작업하는 로라 힌드마시Laura Hindmarsh는 아이들이 영화 세트장을 직접 건설할 수 있도록 세

사우스 런던 갤러리에서 열리는 다양한 프로그램의 모습.

트를 설치했습니다. 아이들은 화려한 천과 반짝이는 종이를 활용해 자신만의 공간을 꾸미고, 모래 놀이를 통해 촉감 놀이도 즐겼습니다. 덕분에 아이들은 예술적 표현의 다양성을 경험하고, 자신의 창의력을 발휘할 수 있는 소중한 시간을 가질 수 있었지요.

또한 사우스 런던 갤러리는 지역 주민들을 위한 지속적인 프로그램 '아트 블록Art Block'도 운영합니다. 사우스 런던 갤러리가 위치한 페캄 지역은 다양한 인종과 문화가 공존하는 곳입니다. 갤러리는 이러한 주민들을 더 많이 참여시키며 지역 사회의 유대감을 만들고 있습니다.

어린 시절부터 예술에 노출되는 것은 경제적 배경과 관계없이 모든 아이에게 중요한 자산입니다. 대표적인 사례로 베네수엘라의 오케스트라 음악 교육 프로그램 '엘 시스테마'가 있습니다. 1975년에 호세 안토니오 아브레우 박사가 가난한 아이들에게 무료로 음악을 가르쳐 주기 위해 만들었어요. 이 프로그램은 열다섯 살만 되어도 범죄와 마약, 총에 노출되는 위험한 환경에서 아이들을 구하고 희망을 주었습니다. 최근에는 독재 정권과의 관계나 혹독한 연습 방식 때문에 비판받고 있지만, 많은 아이에게 희망을 주고 전 세계에 유사한 프로그램이 확산되는 계기가 된 것은 분명합니다. 엘 시스테마가 낳은 전설로 불리는 구스타보 두다멜은 이렇게 말했습니다. "예술이 사회를 통합할 것이며, 음악이 그 다리가 되어 분노를 치유할 겁니다."

더 깊이 보기

📕 런던
리처드 플랫 지음 / 국민서관 / ★★★

세계도시파노라마 시리즈 3권. 로마 제국의 수도였던 런던이 바이킹의 침략, 대화재 등을 겪으며 변화해 온 역사를 중요한 사건들과 함께 소개하는 책입니다.

📕 여기는 런던입니다
미로슬라프 사세크 지음 / 열린생각 / ★

1959년에 〈뉴욕 타임스〉 선정 베스트 그림책 수상작입니다. 체코 출신 일러스트레이터 M. 사세크가 세계를 여행하며 도시의 아름다움을 담아낸 'This is' 시리즈의 런던 편입니다. 빨간색 이층 버스를 타고 런던의 복잡한 거리를 돌아봅니다.

 This is London / Miroslav Sasek / Universe / ★★

독일, 바일 암 라인

특별한 공간을 만드는 의자

📍 Charles-Eames-Straße 2, 79576 Weil am Rhein, Germany

비트라 디자인 미술관
Vitra Design Museum

스위스의 가구 회사 '비트라Vitra'는 독일의 바일 암 라인 지역에 '비트라 캠퍼스'를 만들었습니다. 1981년에 발생한 대형 화재로 파괴된 공장을 미술관뿐만 아니라 창고 건물, 식당 등으로 재탄생시켰지요. 세계적인 건축가들이 참여해 현대 건축의 정수를 보여 주는 명소로 자리 잡았습니다.

교과서 어디에? **초등 5학년 미술:** 하디드, 〈비트라 소방서〉, 임스 부부, 〈코끼리 의자〉

"덴마크 사람들은 왜 첫 월급으로 의자를 살까?" 이 질문은 일본 작가 오자와 료스케의 책 제목이기도 합니다. 이 책은 의자가 '단순한 가구'가 아닌, 인생에서 가장 많은 시간을 보내는 '개인적인 공간'으로서 행복과 직결되어 있다고 설명합니다. 옷이나 손목시계 같은 물건보다 가족이 함께 지내는 공간에 투자하는 것이 일상을 더 풍요롭고 행복하게 한다고 말입니다.

의자는 특별한 공간을 만드는 마법을 부리곤 합니다. 다양한 디자인으로 "현대 디자인의 역사"라는 평가를 받는 비트라의 의자들이 그렇습니다. 스위스 바젤에서 상점 인테리어 관련 사업을 운영하던 비트라의 창립자 윌리 펠바움 Willi Fehlbaum은 '귀중한 물건을 전시하는 유리 진열장'을 뜻하는 프랑스어 '비트린 vitrine'에서 회사 이름을 떠올렸습니다.

'비트라 디자인 미술관'을 검색해 보면 집 모양 창문 앞에 찰스·레이 의자들로 꽃잎 모양을 만들어 세워 둔 작품이 눈에 띕니다. 비트라의 역사는 펠바움 부부와 찰스·레이 임스 부부의 특별한 만남에서 시작됩니다. 1953년, 멋진 매장을 찾기 위해 미국을 여행하던 펠바움 부부는 미국의 찰스·레이 임스 부부가 디자인한 의자에 푹 빠졌습니다. 이후 몇 년에 걸친 협상 끝에 펠바움 부부는 찰스·레이 임스 부부의 디자인을 유럽에 소개하게 됩니다. 이후 조지 넬슨, 필립 스탁, 베르너 팬톤 등 유명 가구 디자이너의 판매권을 획득하며 오늘날의 비트라로 성장했습니다.

　비트라 디자인 미술관은 독일, 스위스, 프랑스의 경계에 있습니다. 처음 세워진 건물 중 하나인 '비트라 소방서'는 비대칭 직선 디자인이 돋보이는 건물입니다. 형태가 특이해 '돌로 된 번개'라는 별명을 얻었을 정도죠. 푸른 잔디 위에는 어린이들이 장난감처럼 만지며 놀거나 앉을 수 있도록 색깔별로 놓인 코끼리 모양 조형물들도 있습니다. 얇은 나무판을 여러 모양으로 구부려 만든 코끼리들은 찰스·레이 임스 부부가 만든 '임스 엘리펀트Eams Elephant'로 이제는 가구 수집가들의 인기 수집품이 되었습니다. 또한 세계적인 현대 미술가 카스텐 휠러Carsten Höller가 2014년에 만든 '비트라 슬라이드 타워'에서는 전망을 즐기며 약 30m 높이의 미끄럼틀을 타 볼 수도 있습니다. 놀이와 재미를 통해 일상의 스트레스를 풀 수 있기를 바라는 작가들의 마음이 곳곳에서 느껴집니다.

임스 엘리펀트와 비트라 슬라이드 타워.

비트라 하우스 내부.

　건축가의 노벨상이라 불리는 프리츠커상을 수상한 건축가 7팀의 작품을 한자리에서 즐길 수 있다는 점도 이곳의 빼놓을 수 없는 매력입니다. 프랭크 게리(1989년), 알바루 시자(1992년), 안도 다다오(1995년), 렌초 피아노(1998년), 헤르초크&드 뫼롱(2001년), 자하 하디드(2004년), 사나(일본의 건축가 유닛, 2010년)는 각각 인류와 환경에 중요한 공헌을 한 건축가로 이 상을 받았습니다. 흥미로운 점은 이들이 프리츠커상 수상 이전에 이곳을 만드는 데 참여했다는 사실입니다.

더 깊이 보기

세상은 네모가 아니에요-자하 하디드
지네트 윈터 지음 / 씨드북 / ★★★

2017년 페어런츠 초이스상 수상작. 자하 하디드는 편견과 차별을 이겨내고 독창적인 건축물을 설계해 전 세계에 세웠습니다.

The World Is Nor a Rectangle: A Portrait of Architect Zaha Hadid / Jeanette Winter / Beach Lane Books / ★★

Zaha Hadid
Maria Isabel Sanchez Vegara / Frances Lincoln / ★★

리틀피플 빅드림즈 위인전 시리즈의 하나로, 자하 하디드의 어린 시절부터 세계적인 건축가로서의 업적을 간결한 글과 예쁜 그림으로 담아낸 책입니다.

영국, 런던
무대 위에 펼쳐지는 또 다른 세상

📍 17 Wilton Rd, Pimlico, London SW1V 1LG, UK

아폴로 빅토리아 극장
Apollo Victoria Theatre

런던 웨스트엔드에 있는 아폴로 빅토리아 극장은 1930년 개관한 공연장으로, 화려한 장식과 멋진 조명으로 유명해요. 원래 영화관이었지만 지금은 뮤지컬 극장으로 사용해요. 현재 인기 뮤지컬 〈위키드〉가 상연 중이며, 눈길을 사로잡는 무대와 감동적인 음악으로 많은 사랑을 받고 있어요.

(교과서 어디에?) **초등 5학년 음악:** 오페라, 뮤지컬

뮤지컬만큼 이야기와 음악, 춤을 동시에 즐길 수 있는 장르가 또 있을까요? 영국의 초등학생들이 가장 많이 다니는 학원이 음악과 춤을 함께 배우는 드라마 수업과 체조 수업이라고 해요. 이 두 가지 모두 뮤지컬과 연관이 있으니, 역시 뮤지컬의 본고장답습니다.

뮤지컬musical은 이름처럼 극을 음악으로 표현한 장르를 말합니다. 뮤지컬과 비슷한 오페라opera도 이야기를 음악으로 표현하는데, 이 둘은 무엇이 다를까요? 첫째, 형식이 다릅니다. 뮤지컬은 '연극 형식'으로 춤을 추며 노래를 부르다가 음악 없이 대사로 극을 진행하는 반면, 오페라는 대사 없이 노래로 전체 줄거리를 전달하는 '음악극'입니다. 뮤지컬은 출연자를 '배우'라고 부르지만, 오페라에서는 소프라노, 테너, 바리톤 등 '가수'로 칭한답니다. 둘째, 발성과 언어가 다릅니다. 뮤지컬은 '대중음악'을 부르며 대사와 함께 내용을 전달하지만, 오페라는 정통 성악가들이 '클래식 음악'을 원어로 전달하기 때문에 미리 내용을 파악하고 가지 않으면 이해하기가 쉽지 않지요. 그 외에 마이크의 사용 여부나 악기의 구성도 다릅니다.

그렇다면 뮤지컬은 어떻게 탄생했을까요? 오페라가 16세기 르네상스 시대 이탈리아 피렌체에서 시작되어 프랑스, 독일 등에서 발전하는 동안 영국은 셰익스피어의 연극을 즐겼습니다. 영국에서 산업 혁명으로 돈을

아폴로 빅토리아 극장 내부.

가진 시민 계층이 늘어나자, 이들이 새롭게 즐길 수 있는 문화 활동이 필요해졌습니다. 그래서 대사와 춤으로 누구나 쉽게 즐길 수 있는 '코믹 오페라'가 시작되었지요. 흥행에 성공한 코믹 오페라는 바다 건너 미국까지 명성이 퍼져 지금의 뮤지컬과 유사한 대중 예술로 성장합니다. 이후 영국과 미국은 위기와 번영을 엎치락뒤치락 오가며 뮤지컬을 발전시켰고, 오늘날 런던의 '웨스트엔드'와 뉴욕의 '브로드웨이'가 세계 뮤지컬의 중심지가 되었습니다.

　뮤지컬을 좀 더 저렴하게 보고 싶다면 마티네 공연을 노려 보세요. '아침'이라는 뜻의 프랑스어 'matin'에서 유래한 마티네는 수요일 혹은 금요일 낮의 공연을 의미합니다. 또한 매일 아침 10시가 되면 남은 당일 티켓 day seat을 저렴하게 판매합니다. 인기 있는 뮤지컬은 오픈과 동시에 마감

되니 정말 보고 싶은 뮤지컬이 있다면 예약은 필수입니다. 런던 관광청 웹사이트 visitlondon.com 에서 매년 '런던 최고의 뮤지컬 10'을 소개하고 있으니 참고해 보세요.

 더 깊이 보기

📙 **무대는 언제나 두근두근**
소윤경 지음 / 사계절 / ★★
뮤지컬 배우들의 열정과 노력을 담은 '일과 사람' 시리즈 12권 중 하나로, 뮤지컬 제작 과정과 무대 뒷이야기를 즐겁게 전합니다.

📙 **위키드**
그레고리 매과이어 지음 / 민음사 / ★★★
초록색 피부로 태어난 엘파바가 '사악한 마녀'라는 오명을 쓰게 된 이유를 색다른 시선으로 풀어낸 이야기입니다. 오즈 세계의 정치와 차별, 권력의 진실을 따라가며 진짜 선과 악이 무엇인지 묻게 만드는 소설입니다.

Wicked / Gregory Maguire / HarperCollins / ★★★

🎬 **위키드**
2024년 / 미국 / 전체 관람 가
같은 이름의 뮤지컬을 원작으로, 엘파바와 글린다가 우정을 쌓으며 진실과 용기를 찾아가는 이야기입니다. '서쪽 마녀는 왜 사악한 마녀로 불리게 되었을까?'라는 상상을 바탕으로, 오즈의 마법사를 새로운 시선으로 바라보는 감동적인 영화입니다.

스웨덴, 스톡홀름

고통을 예술로 치유한 예술가

📍 Exercisplan 4, 111 49 Stockholm, Sweden

스톡홀름 현대 미술관
Moderna Museet

1958년 옛 군사 훈련장에 문을 연 스톡홀름 현대 미술관은 파블로 피카소, 살바도르 달리, 호안 미로 등 당대 최고 예술가들의 작품을 보유하고 있습니다. 1998년에 프리츠커상을 수상한 건축가 라파엘 모네오가 설계한 건물이 완공되면서, 자연과 더불어 예술에 몰입하기 좋은 공간으로 미술 애호가들의 발길이 끊이지 않습니다.

(교과서 어디에?) 초등 3학년 미술: 생팔

"탕탕!" 세상을 향한 분노로 가득 찬 니키 드 생팔은 총으로 캔버스를 쏩니다. 숨겨진 주머니에서 물감이 피처럼 주르륵 흘러내려 하얀 조각을 물들입니다. 어릴 때부터 겪은 지독한 고통을 독창적인 예술로 표현한 생팔은 미술 교과서에서도 자주 소개됩니다.

1930년 파리, 귀족 출신 아버지와 미국인 어머니 사이에서 태어난 니키 드 생팔은 '금수저'로 자랐습니다. 외모가 빼어나 열여덟 살 때부터 모델 활동을 했고, 이 시기에 엘리트 출신 해리 매튜와 결혼해 두 아이도 낳았습니다. 하지만 화려하게만 보였던 그녀의 삶 뒤에는 깊은 고통이 자리 잡고 있었습니다.

열두 살 때 아버지에게 성폭행을 당한 충격은 평생 그녀의 마음에 깊은 상처로 남았습니다. 결혼 이후에는 남편의 외도가 그녀의 우울증을 심화시켰고, 결국 정신 병원에 입원해 미술 치료를 받으며 치유를 시작했습니다. 그녀의 예술 작품에는 이러한 경험들이 깊이 반영되어 있습니다. 총을 쏘며 분노를 표출한 '사격 페인팅'은 결국 그녀의 삶을 이야기합니다.

스톡홀름 현대 미술관 입구에는 니키 드 생팔의 두 번째 남편인 장 팅겔리와의 합작품이 전시되어 있습니다. 이 작품들이 이곳에 있는 이유는 1966년에 발표한 초대형 조각상 〈그녀, Hon〉가 미술관과 작가의 이름을

스톡홀름 현대 미술관 입구에 있는 니키 드 생팔의 조각 작품들.

세계적으로 알리는 데 큰 역할을 했기 때문입니다. 이 작품은 만삭의 임산부가 누워 있는 형태로, 관객들은 엄마의 자궁 속으로 들어가는 기분을 체험할 수 있었습니다. 또한 천체 관측대와 영화관 등 다양한 시설의 내부 구성 역시 고정관념을 깨뜨리며 큰 주목을 받았습니다. 미술관 입구를 지나면, 벽돌색 건물과 파란 하늘이 대조를 이루며 공간에 활기를 더합니다.

오자와 료스케가 쓴 《덴마크 사람은 왜 첫 월급으로 의자를 살까》라는 책에서는 아끼는 물건에 흠집이 생긴 상황을 이렇게 설명합니다. "일본인은 '이 흠집을 어떻게 수선할까?'라고 생각하지만, 덴마크인은 '이 흠집을 어떻게 멋스럽게 남길까?'라고 생각한다." 이곳 역시 북유럽 사람들의 삶의 방식과 생활의 지혜를 고스란히 반영하고 있습니다. 니키 드 생팔 또한 과거의 흔적을 고치거나 모두 없애기보다는 모났든 멋스럽든 자신을 있는 그대로 받아들이며 삶을 예술로 풀어냈습니다. 그녀의 작품 앞에서 고통스러운 삶에 맞서 고뇌와 열정을 불태운 예술가들을 생각해 봅니다. 창조적인 일에 몰두하며 고통을 극복한 그들로부터 시련에 맞설 희망과 용기를 얻을 수 있을지도 모릅니다.

"우리 안에는 우리가 상상하는 것보다 더 위대한 창조적 힘이 있다고 믿는다."

– 니키 드 생팔

 더 깊이 보기

나의 미술관
조안 리우 지음 / 단추 / ★

2018년 볼로냐 라가치상 수상작. 미술관에서 예술 작품뿐만 아니라 일상의 요소들을 관찰하는 아이의 시선을 통해 예술이 일상 속 어디에나 존재한다는 것을 깨닫게 합니다.

My Museum / Joanne Liu / Prestel Junior / ★

핀란드, 헬싱키
∽ 건축가의 집 ∾

알바 알토 하우스: **Riihitie 20, 00330 Helsinki, Finland**
알바 알토 스튜디오: **Tiilimäki 20, 00330 Helsinki, Finland**

알바 알토 하우스와 스튜디오
Alvar Aalto House & Studio

1936년에 완공된 알바 알토 하우스는 알바 알토와 아이노 알토가 설계부터 가구, 디테일 하나하나까지 공들여 완성한 집이자 작업실입니다. 알바 알토는 이따금 만나기 싫은 손님이 집에 오면 거실과 서재의 경계에서 보이는 문 너머의 작은 다락방에 숨었다고 합니다. 덩치도 큰 사람이 그 작은 공간에 어떻게 숨었을지, 상상만 해도 재미있지 않나요?

(교과서 어디에?) **초등 6학년 미술과 생활:** 생각하는 건축가

"핀란드에서는 어느 곳을 가든 알토와 함께한다"라는 말이 있습니다. 건축과 가구, 조명, 소품 디자인에 이르기까지 핀란드에서 알바 알토의 존재감이 어마어마하기 때문입니다. 그는 유로화가 생기기 전, 핀란드 지폐와 우표에 등장한 전설적인 인물이기도 합니다. 그런 만큼 알바 알토의 집은 헬싱키를 여행할 때 꼭 방문해야 할 명소로 손꼽힙니다.

알바 알토는 헬싱키 공대를 졸업하고 유럽을 여행하며 자신의 디자인 철학과 건축에 대한 정체성을 고민했고, 스물다섯 살에 자신의 건축 사무실을 열었습니다. 그리고 스물일곱 살에 일을 하며 만난 아이노 알토와 결혼해 건축과 디자인 작업을 함께 이어갔습니다. 이후 파이미오 요양원 설계 공모전 수석을 차지하면서 천재 건축가로 이름을 떨치게 된 알바 알토는 아이노 알토와 함께 요양원의 건축뿐만 아니라 가구와 소품 하나하나를 직접 디자인했고, 이어서 '아르텍Artek'이라는 브랜드도 만들었습니다.

부부가 함께한 시간의 흔적이기 때문일까요? 알바 알토 하우스의 작업 공간이나 피아노 위에 놓인 그의 아내 사진을 보면, 금방이라도 그가 돌아올 것 같은 기분이 듭니다. 사진 옆에는 당시 형편이 좋지 않았던 친구에게서 선물 받은 종이 램프가 놓여 있는데, 그 친구는 바로 세계적인 조명 디자인 회사 '루이스 폴센'을 대표하는 디자이너 폴 헤닝센입니다.

그의 이름을 딴 조명인 'PH Poul Henningsen' 시리즈는 오늘날까지도 전 세계인의 사랑을 받고 있습니다.

  알바 알토 하우스와 스튜디오의 창문은 정면보다 안에서 보이는 뒤뜰 쪽이 더 크게 설계되어 있습니다. 사생활을 보호하면서 북유럽의 자연광을 최대한 활용하려는 건축가의 지혜가 담겨 있지요. 군더더기 없는 나무 가구와 천장에 난 창으로 들어오는 햇살, 은은한 조명이 어우러진 두 사람의 보금자리는 그 어떤 화려한 집보다 따뜻하고 편안해 보입니다.

알바 알토 하우스는 자신과 가족을 위해 설계한 집에서 일과 생활을 일군 건축가의 삶을 고스란히 간직하고 있습니다. "건축의 본질은 자연스러워야 하며, 정당한 이유 없이는 아무것도 하지 말아야 한다"는 알토의 말이 떠오릅니다.

더 깊이 보기

건축가들의 집을 거닐어요
디디에 코르니유 지음 / 톡 / ★★

건축가들의 창의적인 집과 이야기를 담은 책으로, 르코르뷔지에부터 프랭크 게리까지 세계적인 건축가들의 작품이 담겨 있습니다. 알바 알토의 집이 빠진 점은 아쉽지만요.

화폐로 배우는 세계의 문화 1
배원준 지음 / 가교 / ★★

세계 각국의 화폐를 통해 각 나라의 문화, 역사, 전통을 탐구하는 책. 화폐 속 인물들을 통해 그 나라의 위대한 역사 속 인물들을 만날 수 있습니다.

영국, 런던
아름다움을 나누고 싶은 꿈

📍 **Millbank, London SW1P 4RG, UK**

테이트 브리튼
Tate Britain

런던에 있는 테이트 브리튼은 1897년 개관한 영국 미술 전문 미술관으로 터너, 게인즈버러, 컨스터블 등의 작품을 소장하고 있어요. 특히 셰익스피어 《햄릿》 속 비극적인 장면을 아름답게 표현한 존 에버렛 밀레이의 명작 〈오필리아〉가 유명합니다. 영국 미술의 흐름을 한눈에 볼 수 있는 곳입니다.

교과서 어디에? **초등 3학년 미술:** 다른 나라의 미술관과 박물관

설탕 사업으로 막대한 부를 쌓은 한 남자가 있었습니다. 그는 1819년에 태어나 열세 살부터 일을 시작해 꾸준한 노력 끝에 큰 성공을 거두었고, 정제한 설탕을 각설탕 형태로 대중화하는 데 중요한 역할을 했습니다. "그러던 어느 날, 내 인생이 바뀌었어요. 집으로 가는 길에 눈부시게 아름다운 그림을 마주하고 나서부터요." 그날 이후, 예술 작품을 수집하면서 그의 마음속에는 더 많은 사람과 예술의 아름다움을 나누고 싶다는 열망이 싹트기 시작합니다. 결국 당시 가장 큰 미술관이었던 '내셔널 갤러리'에 자신의 수집품을 기부하려 했지만, 돌아온 답변은 공간이 충분치 않다는 말뿐이었습니다. 하지만 남자는 좌절하지 않았습니다. 과연 그의 꿈은 이루어졌을까요?

성공한 사업가에 그치지 않고 자신이 가진 부와 예술품으로 미술관을 만든 사람. 헨리 테이트의 도전은 1897년, 마침내 결실을 거둡니다. 런던 템스강 근처 밀뱅크 감옥 자리에 '내셔널 갤러리'의 분관으로 '테이트 미술관'을 세운 것입니다. 이후 '테이트 브리튼'이라는 이름을 얻었고 훗날 '테이트 모던', '테이트 리버풀', '테이트 세인트 아이브스'를 추가로 설립합니다. 런던을 여행한다면 한 번은 들르게 되는 '테이트 모던' 미술관은 바로 그의 이름에서 비롯했습니다.

옛 화력 발전소를 활용해 현대 미술의 성지로 거듭난 테이트 모던 역

테이트 모던.

시 템스 강변에 자리하고 있습니다. 테이트 브리튼이 16세기부터 현재까지의 영국 미술에 중점을 두고 있다면, 테이트 모던은 20세기 이후 작품을 주로 전시하고 있지요.

   테이트 브리튼은 매년 전 세계 미술계가 주목하는 현대 예술가들의 등용문인 '터너상' 수상작을 선정해 전시합니다. 영국을 대표하는 화가 '윌리엄 터너'를 기리기 위해 1984년에 설립한 이 상은 영국의 현대 미술을 지원하고 사회적 이슈를 다룬 작품들을 후원하는 역할을 해 왔습니다. 여기에는 부끄러운 조국의 과거를 고발하며 큰 화제를 불러일으킨 터너의 작품 〈노예선〉의 역할이 컸다고 합니다. 양심에 따라 그림을 그리고 성공을 거뒀지만, 막상 예술을 감상하는 것은 부자들뿐이라는 사실을 납득할 수 없었던 터너는 결국 자신의 작품을 모두 국가에 무상으로 기부해 버립니다. 덕분에 테이트 브리튼은 세계에서 유일하게 터너의 작품만 전시하는 '터너관'을 갖게 되었지요. 조국의 부끄러움을 드러내며 강력한 메시지를 전했던 터너의 뜻처럼, 예술은 우리에게 중요한 사회적 의미를 전달하고 변화를 이끌어 내는 힘을 가지고 있습니다.

테이트 브리튼의 내부 모습.
오른쪽 맨 아래에 있는 그림이 〈오필리아〉.

더 깊이 보기

🟥 앤서니 브라운의 행복한 미술관
앤서니 브라운 지음 / 시공주니어 / ★

런던 테이트 브리튼에서 실제 아이들과 함께한 워크숍 경험을 바탕으로, 예술을 통해 가족이 소통하고 유대를 회복하는 과정을 따뜻하게 그린 그림책입니다.

 The Shape Game / Anthony Browne / Doubleday / ★

🟥 누구나 미술관에 놀러 오세요!
브루스 잉먼 지음 / 책속물고기 / ★★

예술을 사랑한 사업가 헨리 테이트가 테이트 미술관을 설립한 과정을 통해 나눔의 가치를 보여 주는 다큐멘터리 인물 그림책입니다.

 Henry Tate / Bruce Ingman / Tate Publishing / ★★

체코, 프라하
도시를 변화시키는 건축

📍 6, Jiráskovo nám. 1981, Nové Město, 12000 Praha, Czech Republic

댄싱 하우스 호텔
Dancing House Hotel

프라하의 현대 건축물인 댄싱 하우스 호텔은 1996년 완공된 독특한 디자인의 건물이에요. 원래 사무실과 갤러리로 사용했지만, 현재는 일부를 호텔로 운영해 숙박도 가능해요. 블타바강 근처에 위치해 멋진 전망을 감상할 수 있는 프라하의 명소입니다.

교과서 어디에? **초등 6학년 미술:** 댄싱 하우스, 진저와 프레드

체코의 프라하에 있는 '댄싱 하우스'는 한번 보면 잊기 힘든 모습의 건축물입니다. 세계적인 건축가 블라도 밀루니치와 프랭크 게리가 함께 지은 것이지요. 미국 영화에 등장하는 댄서 진저 로저스와 프레드 아스테어가 함께 춤추는 모습을 묘사했다고 해서 '진저와 프레드'라고도 합니다. 사실 건축가들이 처음부터 춤추는 모습을 생각하고 만든 건 아니었고, 건물을 홍보하는 과정에서 '댄싱 하우스'라고 입소문을 낸 거라고 해요. 처음에는 주변의 오래된 건물들과 너무 달라서 비판을 받기도 했지만, 지금은 많은 사람이 프라하에서 꼭 보고 싶어 하는 명소가 되었습니다. 한쪽 건물이 다른 쪽에 살짝 기대 선 모습은 여전히 춤추는 사람들의 모습처럼 보이지요?

　이 건물을 세운 자리는 원래 제2차 세계 대전 때 폭격을 맞아 폐허로 남아 있었습니다. 체코인들에게는 아픔의 흔적이었지요. 체코의 건축가 블라도 밀루니치는 댄싱 하우스 부근에 살던 바츨라프 하벨을 만나 이곳에 새로운 생명력을 불어넣을 방법을 의논했습니다. 1989년 12월, 바츨라프 하벨은 체코슬로바키아(체코와 슬로바키아가 분리되기 전의 국가)의 대통령이 되었고, 본격적으로 폐허 개발이 시작되었습니다.

　혁신적이고 세계적인 건축물을 원했던 하벨과 밀루니치는 처음엔 프랑스의 장 누벨에게 함께하자고 제안했습니다. 하지만 누벨은 협소한 공간과 제한된 조건을 이유로 거절했지요. 그 후 프랭크 게리가 참여했고, 그는 주변 환경을 고려하면서도 고전 건축과 조화를 이루는 형태로 자신의 상상력을 마음껏 펼쳤습니다. 프라하성을 가리지 않도록 한쪽 건물을 살짝 구부려 전망을 살렸는데, 건물 자체의 아름다움뿐만 아니라 주변의 유서 깊은 건축물들이 함께 숨 쉴 수 있도록 배려한 것입니다. 건축가들의 세심한 배려와 독창성 덕분인지 '댄싱 하우스'는 점차 인기를 얻었고, 지금은 프라하를 대표하는 관광 명소가 되었습니다.

스페인의 항구 도시 빌바오는 프랭크 게리가 지은 구겐하임 미술관 덕

댄싱 하우스 호텔에서 보이는 블타바강의 풍경.

분에 세계적 예술 도시로 변모했습니다. 낡고 쇠락한 도시였던 빌바오를 이제는 매년 100만 명의 관광객이 찾아갑니다. 미국 로스앤젤레스에 지은 월트 디즈니 콘서트홀은 미국을 바꾼 10개의 건물 중 하나로 선정되기도 했지요. 건축가가 건물 하나로 도시 전체에 변화를 만들어 낼 수 있다는 것을 보여 줍니다. 프랭크 게리의 건물은 우리나라에서도 볼 수 있습니다. 서울 강남구 청담동에 있는 '루이비통 메종 서울'입니다. 기회가 된다면 건축가 특유의 곡면 유리로 만든 멋진 작품을 직접 감상해 보세요.

더 깊이 보기

꿈꾸는 꼬마 건축가
프랭크 비바 지음 / 주니어RHK / ★

뉴욕 현대 미술관에서 꼬마 건축가 프랭크와 할아버지가 함께 건축물과 창의적인 발상을 탐구하며 건축의 자유로움을 깨닫는 이야기를 담은 그림책입니다.

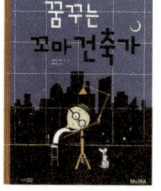

 Young Frank, Architect / Frank Viva / MoMA / ★★

내가 집을 짓는다면
크리스 반 두센 지음 / 주니어김영사 / ★

꿈꾸는 집을 그려 보는 과정을 통해 공학적 기초를 배우고, 상상력과 창의력을 기를 수 있습니다.

 If I Built a House / Chris Van Dusen / DIAL / ★

생각하는 건축
알렉산드라 미지엘린스카·다니엘 미지엘린스키 지음 / 풀빛 / ★★★

세계 곳곳의 독특한 집들과 건축가들의 창의적 아이디어를 소개하며, 그들의 건축물을 살펴봅니다.

 H.O.U.S.E / Aleksandra Mizielińska, Daniel Mizieliński / Harper Design / ★★★

오스트리아, 빈
～ 세계 음악의 수도 ～

📍 Opernring 2, 1010 Wien, Austria

빈 국립 오페라 극장
Wiener Staatsoper

오스트리아 빈에 있는 빈 국립 오페라 극장은 1869년에 개관했어요. 고풍스럽고 웅장한 건축물로, 오페라의 본고장 빈을 대표하는 오페라 극장으로 세계적인 명성을 자랑해요. 모차르트, 베토벤, 바그너 등의 작품이 공연되지만, 일정을 맞추기 어렵다면 오페라 극장 투어를 통해 내부를 감상할 수도 있어요.

(교과서 어디에?) **초등 5학년 음악:** 오페라

독일 출신으로 오해받곤 하는 아돌프 히틀러는 사실 오스트리아의 작은 마을에서 태어났습니다. 그는 화가의 꿈을 키우며 여러 차례 빈 예술대학에 도전했으나 번번이 실패했습니다. 예술 사랑이 지극했던 히틀러는 식비를 아껴가며 일주일에 몇 번씩 빈 오페라 극장을 찾아 바그너의 오페라를 즐겼다고 합니다. 만약 그의 꿈이 이루어졌더라면 세상은 어떻게 바뀌었을까요? 역사는 작은 선택들이 만들어 낸 결과라는 사실이 새삼 신기하게 느껴집니다.

히틀러가 사랑한 이 오페라 극장도 전쟁의 포화는 피하지 못했습니다. 제2차 세계 대전이 한창이던 1945년 3월 12일, 극장은 폭격으로 초토화되고 맙니다. 하지만 전쟁이 끝난 후 빈을 재건하는 투표에서 빈 시민들은 가장 먼저 복구해야 할 건물로 오페라 극장을 선정합니다. 사람들에게 이곳은 단순한 극장 이상의 의미가 있었습니다.

영어로는 '비엔나', 독일어로는 '빈'이라 하는 오스트리아의 수도 빈은 아름답고 깨끗하며 치안이 좋은 도시로 손꼽힙니다. 세계적인 컨설팅 회사 머서Mercer는 빈을 '세계에서 가장 살기 좋은 도시' 1위로 11년 연속 선정했습니다. 클래식 음악을 좋아하는 이들에게 빈은 '음악의 성지'와도 같습니다. 빈은 파리와 함께 유럽에서 문화와 예술이 가장 번성한 곳으로 손꼽히며, "세계 음악의 수도"라는 표현처럼 음악 거장들의 흔적으로

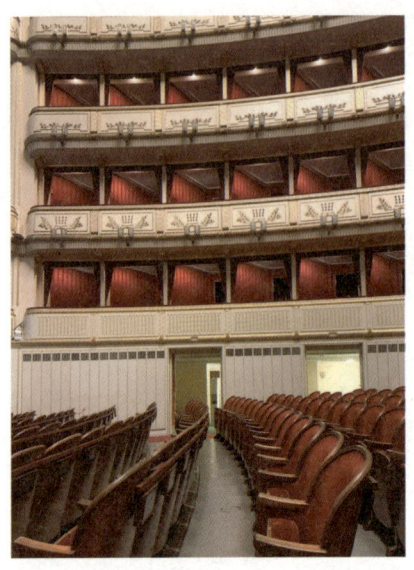

빈 국립 오페라 극장의 내부 모습.

가득 차 있습니다.

클래식 음악가들은 왜 이렇듯 빈을 찾았을까요? 그 이유는 합스부르크 제국과 관련된 역사에서 찾을 수 있습니다. 합스부르크 왕가는 약 600년간 유럽의 영토 대부분을 통치한 오스트리아의 가문입니다. 오스트리아가 강력한 제국으로 자리 잡으면서 빈은 상업과 경제의 중심지로 부상합니다. 외부에서 들어온 자금은 문화와 예술의 번영을 가져왔습니다. 국가는 예술가를 후원했고, 국민은 예술을 사랑했습니다. 도시는 연일 열리는 오페라와 왈츠 음악회로 아름다운 멜로디가 끊이지 않았습니다.

오스트리아 잘츠부르크에서 태어난 모차르트는 후원자였던 슈라텐바흐 대주교가 세상을 떠나자 빈으로 와서 오페라를 만들며 돈을 벌었습니다. 독일 출신인 베토벤은 빈에서 작곡 활동을 하며 이곳을 제2의 고향으로 여겼고요. 그 밖에 하이든, 브람스, 말러와 같은 거장들을 포함한 수많은 음악가들이 빈을 거쳐 갔습니다.

"장담컨대 빈은 굉장한 도시예요. (…) 제 직업상으로 보자면 세상에서 가장 좋은 곳이죠!" 잘츠부르크에서 빈으로 온 모차르트가 아버지에게 전한 편지의 한 구절입니다. 대주교로부터 하인 취급을 받으며 고통스러운 시간을 보냈던 잘츠부르크와 달리, 그에게 빈은 자유와 돈이 있는 기회의 땅이었습니다. 1869년 모차르트의 〈돈 조반니〉 공연으로 문을 연 빈 국립 오페라 극장은 파리 '오페라 가르니에 극장', 밀라노 '라스칼라 극장'과 함께 '세계 3대 오페라 극장'으로 불리며 지금까지도 음악 애호가들의 사랑을 받고 있습니다.

더 깊이 보기

마술사의 코끼리
케이트 디카밀로 지음 / 비룡소 / ★★★

뉴베리상 수상 작가의 창작 동화. 마술사의 실수로 오페라 극장에 코끼리가 나타나며, 여러 사람의 다양한 사연과 소망이 신비롭게 이어지는 이야기를 담고 있습니다. 같은 제목으로 넷플릭스에서 애니메이션 영화로도 만나 볼 수 있어요.

The Magician's Elephant / Kate Dicamillo / Candlewick Press / ★★★

잠들기 전에 읽는 이야기 클래식
김태용 지음 / 클로브 / ★★★

삽화를 통해 클래식을 더 쉽고 재미있게 소개하는 책. 오페라 속 그리스·로마 신화나 음악가들의 이야기, 아름다운 악기 소리를 QR코드를 통해 직접 들을 수 있습니다.

어린 모차르트의 연주 여행
지그리트 라우베 지음 / 스콜라 / ★★★

잘츠부르크에서 태어나 베르사유 궁전에서의 성공적인 연주회까지, 어린 모차르트의 8년간의 연주 여행을 생생하게 그린 소설입니다.

아마데우스
1985년 / 미국 / 12세 관람 가

뛰어난 궁정 음악가였던 살리에리가 천재 작곡가 모차르트를 시기하면서 벌어지는 파멸의 이야기를 그린 영화입니다.

유럽의 다양한 요리를 소개해요!

이탈리아 요리는 지중해의 따뜻한 햇살 아래에서 자란 신선한 채소, 깊은 맛의 올리브 오일, 신선한 해산물과 고기가 조화를 이룹니다. 이탈리아 요리는 전 세계적으로 사랑받고 있어 맛볼 수 있는 곳이 많지만, 현지에서 먹는 맛은 확실히 다르지요. 길거리에서 사 먹는 피자는 입천장이 까질 만큼 뜨겁지만 "맛있는 피자를 외면하면 죄 짓는 거야"라는 어떤 영화의 대사가 떠오를 정도로 매력적이랍니다.

피자는 고대 그리스 사람들이 즐겨 먹던 '피타'(납작한 빵이라는 뜻)에서 유래했어요. 과거 그리스의 지배를 받았던 이탈리아 나폴리 사람들이 피타 위에 다양한 재료를 올려 화덕에 구워 먹으면서 피자의 형태가 만들어졌습니다. 피자 말고도 얼마나 맛있는 요리가 많은지 한번 살펴볼까요?

파스타 *Pasta*
밀가루, 물, 달걀을 반죽해 다양한 모양의 면으로 만들어 소스와 재료를 더해 즐깁니다. 스파게티, 페투치네, 펜네 등 여러 종류가 있어요.

피자 Pizza
얇게 밀어 만든 반죽 위에 토마토소스, 치즈, 다양한 토핑을 올려 구운 요리입니다. 이탈리아의 각 지역마다 다양한 스타일로 만들어 먹어요.

뇨키 Gnocchi
감자, 치즈, 밀가루, 달걀을 반죽해 만든 파스타의 일종으로, 한국의 수제비와 비슷해요. 진한 소스와 쫄깃한 반죽이 어우러져 많은 사람이 즐겨 찾는 요리입니다.

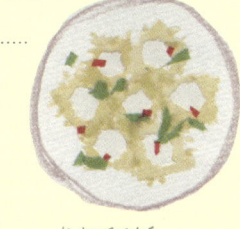

라비올리 Ravioli
얇은 반죽 사이에 고기, 치즈, 채소 등을 채워 넣어 반달 모양으로 접은 후 삶아낸 요리로, 만두와 비슷하게 생겼어요. 주로 토마토소스나 크림소스와 함께 먹습니다.

브루스케타 Bruschetta
바삭하게 구운 빵 위에 마늘을 문지르고 올리브 오일을 뿌린 뒤 신선한 토마토, 바질, 모차렐라 치즈 등을 올려서 만들어요. 대표적인 애피타이저 요리로, 간단하면서도 맛있답니다.

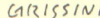

그리시니 Grissini
바삭하고 길쭉한 막대기 모양의 이탈리아 전통 빵입니다. 주로 애피타이저로 제공되며, 올리브 오일이나 발사믹 식초와 함께 즐겨요.

리소토 Risotto
쌀을 육수에 천천히 끓여 만든 크리미한 식감의 요리입니다. 주로 버섯, 해산물, 채소 등을 넣고 만들어 다양한 맛을 즐길 수 있어요.

라자냐 *Lasagna*
층층이 쌓은 넓은 파스타 면 사이에 고기, 치즈, 토마토소스 등을 넣어 오븐에 구운 요리입니다.

젤라토 *Gelato*
'얼리다'라는 뜻의 이탈리아어 '젤라레gelare'에서 유래한 아이스크림입니다. 신선한 재료로 만들어 맛이 풍부하고 밀도가 높은 것이 특징이에요.

살루미 *Salumi*
'소금에 절인 고기'라는 뜻으로 햄과 소시지, 돼지 뒷다리인 프로슈토prosciutto, 이탈리아식 베이컨 판체타pancetta 등을 포함한 다양한 염장육을 통틀어 살루미라고 부릅니다.

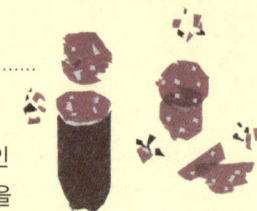

미네스트로네 *Minestrone*
이탈리아의 전통 수프로 다양한 채소, 파스타 또는 쌀, 때로는 콩을 넣어 끓이는 요리입니다. 맛과 영양이 풍부하고 계절에 따라 재료가 달라집니다.

비스테카 알라 피오렌티나 *Bistecca alla Fiorentina*
이탈리아 토스카나 지방의 전통 요리로, 두껍게 썬 티본 스테이크에 올리브 오일, 로즈메리, 소금, 후추를 뿌리고 숯불에 구워 만듭니다. 투박한 모양과 달리 한 입 베어 물면 입안 가득 퍼지는 육즙이 감탄을 자아냅니다.

그리스 요리

그리스 요리는 재료 고유의 맛을 최대한 살리는 것이 특징이에요. 문어와 오징어 같은 해산물과 "신들의 식량"이라 부르는 꿀, "신의 선물"이라 부르는 올리브 그리고 와인 등이 그리스 요리의 중요한 재료입니다. 그중에서도 올리브 오일은 거의 모든 그리스 요리에 들어가지요.

그리스 아테네가 처음 세워질 때, 지혜의 신 아테나와 바다의 신 포세이돈이 수호신 자리를 두고 경쟁했다고 해요. 이때 아테나는 올리브 나무를, 포세이돈은 해마를 시민들에게 선물로 주었는데, 시민들이 아테나의 선물을 더 가치 있게 여기고 도시의 이름을 그의 이름을 따서 '아테네'라 지었지요. 그리스에서는 올리브를 순수함, 깨끗함, 성스러움의 상징으로 여겼답니다.

바클라바 Baklava
얇은 페이스트리 반죽 사이에 버터와 다진 피스타치오를 넣고 꿀이나 시럽을 부어 만든 섬세한 디저트예요. 바삭하면서도 촉촉한 식감을 자랑합니다.

수블라키 Souvlaki
그리스의 꼬치구이입니다. 돼지고기, 닭고기, 양고기 등을 꼬챙이에 꿰어 숯불에 구워 낸 요리예요. 주로 피타 빵, 토마토, 양파, 자지키 소스와 함께 먹습니다.

자지키 Tzatziki
그리스 요리에서 자주 사용하는 소스로, 양젖으로 만든 그릭 요구르트에 오이, 마늘, 올리브 오일, 레몬 주스, 딜 등을 섞어 만듭니다.

무사카 Moussaka
가지, 감자, 다진 소고기나 양고기를 층층이 쌓고 베샤멜소스를 얹어 오븐에 구운 요리로, 라자냐와 비슷합니다. 아랍에서 처음 만들었고 유럽 전역에서 사랑받고 있습니다.

그릭 샐러드 Greek Salad
신선한 토마토, 오이, 올리브, 양파, 그리고 페타 치즈와 올리브 오일을 넣고 간단히 버무려 만든 샐러드입니다.

기로스 Gyros
양념한 고기(주로 돼지고기, 닭고기, 양고기)를 천천히 구워 얇게 썬 뒤 토마토, 양파, 자지키 소스와 함께 피타 빵에 넣어 만드는 샌드위치입니다.

칼라마리 Calamari
이탈리아어로 오징어를 뜻하는 말로, 주로 튀긴 오징어 요리를 가리킵니다. 바삭하게 튀겨 레몬즙을 뿌리거나 간단한 소스를 찍어 먹어요.

그릴드 옥토퍼스 Grilled Octopus
신선한 문어를 구워 올리브 오일, 레몬, 허브와 함께 먹는 이 요리는 쫄깃하면서도 부드러운 식감이 특징이에요.

그리스 커피 Greek Coffee

'브리키Briki'라는 긴 손잡이가 달린 작은 놋쇠 주전자에 끓인 커피입니다. 주전자를 뜨겁게 달군 모래 속에 묻어 천천히 끓여요. 진하고 풍부한 맛이 납니다.

③ 자연

때로는 귀엽고
때로는 엄청나!

오스트리아, 할슈타트

세계에서 가장 오래된 소금 광산

📍 Salzbergstraße 21, 4830 Hallstatt, Austria

할슈타트 소금 광산
Salzwelten Hallstatt

오스트리아 할슈타트에는 세계에서 가장 오래된 소금 광산이 있습니다. 약 7000년 전부터 소금을 채굴해온 이곳은 '하얀 황금'이라 불리는 소금 덕분에 번영했습니다. 광산 내부에는 고대 광부들의 흔적과 지하 소금 호수, 미끄럼틀 등을 체험할 수 있는 코스가 마련되어 있습니다.

(교과서 어디에?) **초등 6학년 독서토론논술:** 바위 소금, 고정관념

초등학교 교과서에 "소금은 산에서도 나온다"는 문장이 있습니다. 우리는 흔히 소금은 바닷물로만 얻는다고 생각하지만, 사실 오랜 세월 동안 지하에 쌓인 소금층에서도 채굴할 수 있습니다. 그 대표적인 곳이 바로 할슈타트 소금 광산입니다. 이곳은 약 7000년 전부터 소금을 생산하며 번영을 누려 왔고, 기원전 800년경에는 유럽 철기 시대를 대표하는 할슈타트 문화가 형성되었습니다. 당시 소금은 단순한 조미료가 아니라 부와 권력의 상징이었고, 이를 통해 할슈타트는 중요한 무역 중심지로 성장했습니다.

소금은 단순히 음식을 짜게 만드는 것이 아니라, 식품을 보존하는 혁신적인 방법이기도 했습니다. 당시 사람들은 소금에 절인 고기를 저장하며 먼 거리를 이동할 수 있었고, 이는 무역과 정착 문화의 발달을 촉진하는 중요한 요소가 되었어요. 그래서인지 유럽 곳곳에 소금을 뜻하는 지명이 남아 있습니다. 오스트리아의 할슈타트 Hallstatt는 'Hal(소금)'에서 유래했으며, 잘츠부르크 Salzburg 역시 소금을 의미하는 독일어 '잘츠 Salz'에서 비롯되었습니다.

소금 광산으로 들어서는 순간, 흥미로운 경험이 시작됩니다. 미니 열차를 타고 깊은 지하로 내려가면 바깥보다 서늘하고 축축한 공기가 감돌고, 벽면에는 오래된 소금층이 반짝입니다. 손전등을 비추면 소금 결정이 수

정처럼 빛나는 모습이 신비롭기까지 합니다. 이곳에서는 3000년 전 광부들이 직접 만든 나무 계단이 발견되었는데, 보통의 나무였다면 벌써 썩어 사라졌겠지만 소금의 강력한 보존력 덕분에 형태가 그대로 남아 있어요.

방문객들은 먼저 수천 년 전 광부들이 계단을 만들어 내려가며 소금을 캐는 모습을 담은 영상을 보게 됩니다. 어둠 속에서 들려오는 숨소리와 도구가 바위를 두드리는 소리가 긴장감을 더해요. 그리고 영상이 끝나는 순간, 눈앞에 실제로 그 계단이 나타납니다. 방금 전까지 화면 속에서만 보았던 그 장소가 바로 지금 자신이 서 있는 곳이라는 사실을 깨달으면, 과거와 현재가 맞닿는 듯한 전율이 온몸을 감쌉니다.

가장 흥미로운 체험 중 하나는 광부들이 빠르게 이동하기 위해 사용했던 긴 미끄럼틀을 직접 타고 내려가는 것입니다. 수백 년 전에 실제로 사용한 방식이라니! 직접 체험해 보면 단순한 관광이 아니라 진짜 역사 속으로 들어가는 듯한 기분이 든답니다. 아이들은 물론이고 어른들도 그 순간만큼은

할슈타트 소금 광산의 미끄럼틀.

신나게 웃으며 과거의 광부들과 같은 길을 지나갑니다.

　소금은 인류 역사에서 너무나 중요한 역할을 했기에, 우리가 흔히 쓰는 단어 속에도 그 흔적이 남아 있습니다. '샐러리Salary(봉급)'는 로마 병사들이 소금Sal으로 급여를 받았기 때문에 생긴 말이고, '솔저Soldier(병사)' 역시 소금을 뜻하는 라틴어 'sal'에서 유래했어요.

　할슈타트 소금 광산을 다녀오면 "소금은 단순한 조미료가 아니다"라는 말을 온몸으로 이해하게 됩니다. 인류 문명을 발전시키고 사회 구조까지 변화시킨 자원이었기에 '하얀 황금'이라 불릴 자격이 충분했죠. 우리는 익숙한 것들을 당연하게 여기곤 합니다. 하지만 새로운 시각으로 바라보면, 익숙한 것에서도 뜻밖의 의미를 발견할 수 있습니다. 할슈타트 소금 광산은 단순히 아름다운 풍경을 즐기는 곳이 아니라, 지구의 역사를 몸으로 체험하는 여행지입니다.

더 깊이 보기

소금을 조심해
박은호 지음 / 미래엔아이세움 / ★★

소금이 음식의 맛을 살리고, 다양한 식품으로 변신하는 과정을 그림과 함께 보여 줍니다. 소금의 과학적, 역사적 비밀과 우리 몸에서 하는 역할도 쉽고 재미있게 설명하는 책입니다.

소금 세계사를 바꾸다
마크 쿨란스키 지음 / 웅진주니어 / ★★★

지구와 바다에서 소금을 수확하는 다양한 방법부터 소금이 인류의 역사와 삶을 어떻게 변화시켰는지, 역사 속의 중요한 사건을 유머러스한 그림으로 담아낸 책입니다.

 The Story of Salt / Mark Kurlansky / Puffin / ★★★

프랑스, 생트마리드라메르
야생의 핑크 플라밍고

📍 RD570, 13460 Saintes-Maries-de-la-Mer, France

퐁드고 조류 공원
Parc Ornithologique du Pont de Gau

에그모르트 염전이 있는 카마르그에 있는 조류 공원으로, 유럽에서 유일하게 야생 핑크 플라밍고가 살고 있습니다. 플라밍고는 무리 지어 살아야 안전하다고 느끼기 때문에 동물원에서는 개체 수가 많아 보이도록 거울을 설치해 주는데, 이곳은 야생 그 자체입니다.

교과서 어디에? **초등 3학년 과학:** 동물의 생활, 동물의 특징

카마르그는 프랑스 남부의 아를에서 갈라진 론강과 지중해에 둘러싸인 곳입니다. 지형적인 특성으로 핑크 염전을 비롯해 유럽에서 가장 큰 습지가 형성돼 다양한 야생 동물이 서식하고 있지요. 검은 황소, 희귀종 백마 그리고 플라밍고, 왜가리, 두루미, 쇠오리 등 350종 이상의 새들이 살고 있어 유네스코 생물권 보전 지역으로 지정될 정도로 자연적 가치가 높은 곳입니다.

긴 뿔이 있는 검은 황소는 평원을 자유롭게 누비며 달립니다. 스페인의 투우와 달리 황소를 죽이지 않는 '카마르그 경주Courses Camarguaises'라는 경기를 위해 기르는 소들입니다. 투우사들이 황소의 뿔에 달린 리본을 빼앗는 경기인데, 유일한 방어 수단은 황소가 돌진할 때마다 보드 위로 뛰어오르는 것뿐입니다. 희귀종 백마는 어릴 때는 털이 검은색이었다가 성장하면서 새하얗게 변합니다. 황금색 갈기를 지니고 있어 마치 동화 속에서 나온 듯하지요.

플라밍고의 긴 다리와 우아한 목은 고상하면서도 아름답습니다. 다 자란 플라밍고는 분홍색이지만 새끼 플라밍고는 회색입니다. 플라밍고는 새끼에게 먹이를 주는 방식이 특이한데, 언뜻 보면 새끼가 엄마나 아빠의 머리에서 흐르는 피를 빨아먹는 것처럼 보이지요. 그러나 빨갛게 보이는 것은 피가 아니라 일종의 젖인 '크롭 밀크Crop milk'입니다. 일반적으

퐁드고 조류 공원에서 나오자마자 마주한 희귀종 백마.

로 조류의 식도에는 음식물을 저장할 수 있는 주머니인 '소낭'이 있습니다. 플라밍고는 수컷과 암컷 모두 곡선 모양의 부리를 물속에 넣어 작은 갑각류를 먹으면서 물만 따로 뱉어내고 새끼에게 줄 먹이를 소낭에 저장해 둡니다.

크롭 밀크의 색이 빨간 이유는 바로 카로티노이드 색소 때문입니다. 간을 통한 대사를 거쳐 카로티노이드 색소를 몸에 축적시킨 후 새끼 플라밍고에게 먹이기 때문에 회색이었던 새끼 플라밍고는 시간이 지나면서 점점 분홍색으로 변합니다. 반면 영양분을 주는 부모는 점점 색깔이 연해진다고 해요. 자식을 향한 부모의 사랑은 사람이나 동물이나 똑같은 것 같습니다.

카마르그에서는 플라밍고가 하늘을 나는 모습을 볼 수 있습니다. 하지만 동물원에 있는 플라밍고는 날개깃이 잘려 날 수 없는 경우가 많습니다. 날개깃을 자르는 것을 윙 트리밍wing trimming 또는 윙 커트wing cut라고 하는데, 열린 공간에 풀어 놓는 플라밍고는 날아가지 못하도록 윙 트리밍을 합니다. 날개가 아니라 날개깃을 자르기 때문에 깃털이 자라면 다시 날 수 있지만, 날갯짓에 계속 실패하다 보면 어느 순간 자신이 날 수 있다는 생각조차 하지 못하지요. 그래서 윙 트리밍에 대한 논쟁은 항상 뜨거운 주제 중 하나입니다.

플라밍고가 월요병에 시달린다는 이야기를 들어 본 적 있나요? 주말에 시끄럽게 소란을 피우며 관람하는 사람들 때문에 스트레스를 받아 월요일에는 밥을 남긴다고 합니다. 동물원에서도 에티켓이 중요합니다. 동물원의 생태 환경도 변화가 필요한 부분이지요. 동물원은 단순히 동물을 구경하는 장소가 아니라 멸종 위기에 처한 동물을 보호하며, 동물들이 편안한 환경에서 살 수 있도록 돕는 곳이어야 하지 않을까요?

더 깊이 보기

서로를 보다
윤여림 지음 / 낮은산 / ★

동물원과 자연 사이를 오가며 인간과 동물이 나눈 대화를 통해 인간과 동물이 과연 자기다운 삶을 살고 있는지 되새기는 그림책입니다.

브루노 무나리의 동물원
브루노 무나리 지음 / 비룡소 / ★

앵무새부터 플라밍고까지 다양한 동물의 특성을 개성 넘치는 그림과 재미있는 이야기로 표현했으며, 페이지마다 새로운 매력을 선사합니다.

해리엇
한윤섭 지음 / 문학동네 / ★★★

엄마를 잃고 인간 세상에 떨어진 아기 원숭이 찰리가 동물원에서 거북 해리엇을 만나 위로와 지혜를 배우며 조금씩 단단해져 가는 이야기입니다. 동물과 사람이 함께 살아가는 세상에 대해 생각하게 합니다.

Sylvie
Jennifer Sattler / Random House / ★

핑크색 플라밍고인 실비가 자신의 몸 색깔이 핑크새우에서 나온다는 것을 깨닫고 다양한 선택을 하기로 결심하는 이야기입니다.

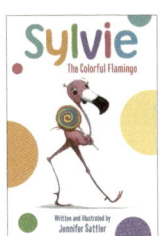

영국, 스카이섬
스코틀랜드의 캐시미어

📍 Eilean Oir, 1A Edinbane, Isle of Skye, IV51 9PR, UK

아일랜드 앳 디 에지
Island at the Edge

스코틀랜드 스카이섬의 거친 해안가에 위치한 작은 농장입니다. 이곳에서는 검은 털과 뿔이 특징인 헤브리디언 양을 키우며, 전통 방식으로 양털을 가공합니다. 들판에서 풀을 뜯는 양들을 보면 스코틀랜드의 자연을 느낄 수 있습니다. 방문객들은 양들과 만나고, 직접 양털을 빗거나 실을 짜며 자연과 함께하는 삶을 경험할 수 있습니다.

(교과서 어디에?) 초등 6학년 미술 : 스코틀랜드, 체크 치마

스코틀랜드는 북부 하일랜드 지역을 중심으로 해발 고도가 높고 험준한 산악 지형을 지닌 지역입니다. 스코틀랜드 하면 킬트를 입은 연주자들이 백파이프를 연주하는 장면이 떠오릅니다. 킬트kilt는 스코틀랜드의 전통 의상으로 남자들이 입는 체크무늬 치마입니다. 스코틀랜드는 엘리자베스 2세 여왕이 마지막 순간까지 가장 아끼고 사랑한 곳이기도 하지요. 여왕을 위해 매일 아침 백파이프를 연주하던 폴 번즈 소령은 여왕의 장례식에서도 백파이프 연주로 마지막을 함께했습니다.

　어린 시절부터 매년 스코틀랜드 밸모럴성에서 가족 휴가를 보낸 여왕은 넓고 푸르른 들판을 뛰어다니며 사슴을 쫓았고, 농장에서 말을 키우며 스코틀랜드 전통 춤을 췄습니다. 여왕과 동생 마거릿 공주는 달력에 날짜를 표시해 놓을 정도로 밸모럴성에서 보내는 휴가를 손꼽아 기다렸다고 합니다. 제2차 세계 대전으로 인해 휴가가 취소됐을 때는 어린 마거릿 공주가 "우리 여행을 망친 히틀러는 도대체 누구야"라며 화를 냈다고도 전해집니다.

　스코틀랜드는 캐시미어도 유명합니다. 캐시미어는 캐시미어 산양의 털로 짠 직물로, 우리가 겨울에 입는 따뜻한 옷을 만드는 데 쓰입니다. 스코틀랜드 캐시미어는 실을 뽑는 방직과 가공 방법에 대한 축적된 경험과 오랜 전통이 있습니다.

스코틀랜드에서는 캐시미어뿐만 아니라 헤브리디언 양과 같은 희귀한 양도 방목하며 양모를 생산합니다. 헤브리디언 양은 검은 털과 독특한 뿔이 특징이며, 거친 날씨에도 잘 견딥니다.

캐시미어 산양은 양이 아니라 염소입니다. 소에도 젖소, 황소, 물소처럼 다양한 종류가 있듯이 염소도 여러 품종이 있습니다. 우리가 흔히 보는 흑염소와 흰염소가 있고, 부드러운 털이 나는 캐시미어 산양 같은 특별한 품종도 있지요.

캐시미어 산양의 털은 추운 겨울 동안 거친 털 사이에 가늘고 부드러운 속털이 빽빽하게 자라 보온 역할을 합니다. 봄에는 자연스럽게 털이 빠지는데, 이것을 빗어서 수확해 캐시미어를 만드는 것입니다. 양의 털

킬트를 입은 백파이프 연주자.

을 깎아서 만든 양모와 달리 빗으로 곱게 빗으며 소량만 채취할 수 있어 '섬유의 보석'이라 합니다.

더 깊이 보기

  바람의 눈을 보았니?
질 르위스 지음 / 꿈터 / ★★★

스코틀랜드 어린이들의 목가적인 생활과 일상을 아름답게 그린 책입니다. 숲속 자전거 경주, 양 돌보기, 송어 낚시 등 다양한 활동을 통해 이야기가 전개됩니다.

Wild Wings / Gill Lewis / Atheneum Books / ★★

  세상에서 제일 넓은 집
소르카 닉 리오하스 지음 / 열린어린이 / ★★

1966년에 칼데콧상을 수상한 이 책은 작은 오두막집에서 12명의 가족이 함께하는 따뜻하고 즐거운 이야기를 담고 있습니다. 스코틀랜드 민요와 함께 화려한 축제가 펼쳐집니다.

Always Rooms for One More / Sorche Nic Leodhas / Henry Holt / ★★

  룸펠슈틸츠헨
폴 오 젤린스키 지음 / 베틀북 / ★

1987년 칼데콧상 수상작, 1986년 페어런츠 초이스상 수상작입니다. 방앗간 주인의 딸이 황금 실을 만들기 위해 작은 남자와 거래하는 이야기를 아름다운 그림으로 그린 그림 형제의 책입니다.

Rumpelstiltskin / Paul O. Zelinsky / Puffin Books / ★★

신나는 동물농장
2006년 / 미국 / 전체 관람 가

〈지미 뉴트런〉 제작진이 만든 가족용 애니메이션입니다. 농부가 잠드는 순간부터 농장에서 재미난 이야기가 펼쳐집니다.

영국, 호시

햇볕 쬐는 물개들

📍 Horsey NR29 4EJ, UK

호시 갭
Horsey Gap

영국 노퍽 지역의 해안에 있는 아름다운 모래사장입니다. 회색물개가 서식하는 곳으로 유명하며, 겨울이면 수백 마리의 물개가 해변에서 쉬거나 새끼를 돌보는 모습을 볼 수 있습니다.

교과서 어디에? 초등 6학년 국어: 동물원은 필요한가

호시 갭은 영국에서 가장 큰 물개 서식지로 손꼽힙니다. 2023~2024년에는 아름다운 해안을 따라 태어난 새끼 물개가 3500마리 이상으로 늘어났으며, 그 수는 꾸준히 증가하고 있습니다. 평소에는 해안에서 물개를 관찰할 수 있지만, 새끼 물개가 태어나는 10월 말부터 2월까지는 모래 언덕과 지정된 '전망대'에서만 볼 수 있습니다. 새끼는 털갈이 전까지는 방수 기능이 없어 물에 빠지면 익사할 수 있고, 물개가 새끼를 보호하기 위해 사람에게 공격적일 수 있으므로 이 기간에는 특히 안전 수칙을 지켜야 합니다.

동화 작가 주디스 커는 자신의 아버지가 실제로 경험한 이야기를 해피 엔딩으로 만들어 《행복해라, 물개》라는 책을 썼습니다. 주디스 커는 어린 시절을 독일 베를린에서 보냈는데, '빨간 방'이라 불렀던 아버지의 방에는 여행에서 가져온 별별 물건이 가득했다고 합니다. 어린 물개 박제도 그중 하나였지요. 어느 날 아버지는 그 물개가 예전에 발코니에서 키웠던 물개라고 말했습니다. 주디스 커의 아버지는 어떤 사연으로 물개를 집에서 기르게 된 걸까요?

주디스 커의 아버지는 프랑스 노르망디에서 어부와 함께 바다에 나가 물개들을 총으로 쏴 죽였습니다. 물개들이 어부들의 생계 수단인 생선을 빼앗는다는 이유에서였지요. 하지만 실수로 어미 물개를 쏘는 경우에는

호시 갭 해변에서 쉬고 있는 물개들.

괴로워했습니다. 어미가 죽으면 새끼 물개도 서서히 굶어 죽을 운명이었기 때문이죠. 결국 커의 아버지는 어미 잃은 새끼 물개를 쏘려는 어부를 말린 뒤 그 새끼 물개를 화물칸에 태워 독일 베를린까지 데려갔습니다. 처음에는 욕조에서 물개를 키우다 나중에는 발코니로 옮겨 물을 뿌려주며 키웠어요. 하지만 새끼 물개는 우유와 이유식을 거부했고, 베를린 동물원과 수족관에서도 받아주지 않아 결국 아버지는 안락사를 선택했다고 합니다. 이 이야기를 주디스 커가 행복한 결말로 바꾸어 책으로 쓴 것입니다.

독일어로 물개를 '시훈트'라고 하는데, '바다에 사는 개'라는 뜻입니다. 강아지들이 본능적으로 햇빛 아래 누워 잠을 자는 것처럼 물개들도 그렇습니다. 영국 해안에서는 100여 마리의 물개가 바닷가로 향하는 물길 입구에 누워 햇볕을 쬐고 있는 모습을 흔히 볼 수 있습니다. 따뜻한 곳에 엎드려 더 이상 바랄 게 없다는 표정을 짓고 있는 물개의 모습은 보는 사람까지 행복하게 만든답니다.

더 깊이 보기

그건 내 조끼야
나카에 요시오 지음 / 비룡소 / ★

아기 생쥐가 엄마가 준 조끼를 자랑하는데, 친구들인 오리, 물개 그리고 코끼리가 입어 보면서 조끼가 계속 커집니다. 재미있는 리듬과 반복이 아이들에게는 그저 즐겁습니다.

야생동물 구조대
조호상 지음 / 사계절 / ★★★

밀렵꾼들의 총에 맞아 날개를 잃은 두루미, 배 스크루에 걸려 다리를 다친 물개 등 다양한 동물을 구조하는 야생 동물 구조대원들의 이야기를 담은 감동적인 책입니다.

행복해라, 물개
주디스 커 / 씨드북 / ★★

《간식을 먹으러 온 호랑이》로 잘 알려진 주디스 커가 37년 만에 쓴 작품입니다. 작가의 아버지가 경험한 실화를 재구성해 따뜻한 해피 엔딩으로 끝나는 이야기입니다.

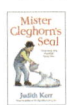 Mister Cleghorn's Seal / Judith Kerr / Harper Collins / ★★

노르웨이, 트롬쇠
고래에 대해 우리가 알아야 할 것들

📍 Nerstranda, 4008 Tromsø, Norway

트롬쇠 고래 투어
Tromsø: Fjord Cruise & Whale Safari Boat Tour

겨울이 되면 노르웨이 트롬쇠의 차가운 바다로 혹등고래와 범고래가 찾아옵니다. 피요르드 크루즈를 타고 바다로 나가면, 고래가 물 위로 뛰어오르거나 꼬리를 흔드는 모습을 볼 수 있어요. 하얀 눈으로 덮인 산과 푸른 북극 바다에서 고래와 함께 숨 쉬는 듯한 순간을 경험하면, 자연이 더욱 소중하게 느껴질 거예요.

(교과서 어디에?) 중학교 2학년 미술: 플라스틱 쓰레기로 고래를 형상화
　　　　　　　　　초등 5~6학년 더불어 사는 민주 시민: 플라스틱 섬, 바다로 간 플라스틱 쓰레기

위대한 문학 작품으로 꼽히는 허먼 멜빌의 소설《모비 딕》은 1820년에 발생한 '에식스호 침몰 사건'에서 영감을 받아 쓴 것입니다. 같은 사건을 바탕으로 만든 〈하트 오브 더 씨〉라는 영화도 있습니다. 영화는 허먼 멜빌이 에식스호 침몰 사건의 생존자 8명 중 한 사람의 집을 찾아가면서 시작됩니다. 그 생존자는 21명이 94일 동안 7200km를 표류하다 8명이 생존한 사건에 대해 30년 동안 아무에게도 말하지 않았던 이야기를 털어놓았습니다.

　전깃불이 없던 시절, 고래 기름이 도시를 밝힐 수 있다는 것을 안 사람들은 고래를 포획하기 위해 먼 바다로 나섰습니다. 1819년 여름, 포경선 에식스호는 미국 메사추세츠주 낸터킷섬에서 항해를 시작했고, 얼마 후 성질은 포악하지만 질 좋은 기름이 많이 나오는 어린 향유고래를 만나 포획에 성공했습니다. 선장과 일등 항해사는 탐욕에 눈이 멀어 고래들이 인간을 피해 숨어든다는 먼 바다로 향했어요. 그러나 얼마 전 죽은 새끼 고래의 어미였는지 무게 80t, 길이 30m 크기의 성난 향유고래가 배로 돌진하는 바람에 에식스호는 10분 만에 침몰하고 말았습니다. 침몰한 배에서 살아남은 선원들은 세 개의 보트에 나눠 타고 육지를 찾아 나서지만 남아 있던 빵과 물도 사라져 가는 상황이었지요. 이때부터 사람들은 이성과 양심을 잃고 그저 살아남기 위해 상상할 수 없는 짓을 저지릅니다. 영화는 인간이 거대한 자연을 함부로 건드렸을 때 어떤 일이 벌어지는지를 보여 줍니다.

　SBS 창사 특집 다큐멘터리 〈고래와 나〉는 고래를 보호해야 하는 이유에 대해 다룹니다. 나무 한 그루를 심으면 1년에 약 21kg의 이산화탄소가 차단되는 반면, 고래는 몸속에 이산화탄소 33t을 저장한다고 합니다. 고래 한 마리를 보호하는 것이 나무 1500그루를 심는 효과와 같다는 것을 의미하지요. 고래의 배설물은 많은 영양분을 포함하고 있고, 이를 먹는 플랑크톤이 유지되어야 지구의 기후가 조절됩니다. 모든 것을 통틀어 볼 때 고래 한 마리의 가치는 최소 800만 달러(약 106억 원)에 달한다고 합니다.

　그러나 덴마크령 페로 제도에는 400년 이상 이어져 온 고래 사냥 축제 '그라인다드랍Grindadrop'이 아직도 계속되고 있습니다. 유럽 연합EU은 고래 포획을 금지하고 있지만, 덴마크령은 EU의 법률에 구속되지 않기 때문에 매년 축제 때 고래 700여 마리가 죽음을 맞이하고 있다고 합니다. 한꺼번에 죽임을 당한 고래가 피를 흘리면 푸른 바다는 순식간에 핏빛으로 변하는데, 임신한 고래도 예외가 아니라고 합니다. 용케 덫에 걸리지 않은 어미 고래들은 아기 고래가 죽는 모습도 목격했을 것입니다.

　《완경일기》라는 책을 보면 새끼 고래가 죽으면 어미 고래는 등지느러미를 이용해 며칠 동안 죽은 새끼 고래를 머리에 이고 다니며 동료들과 함께 슬퍼한다고 합니다. 애도 기간이 끝나면 바위 사이에 새끼 고래의 시체를 넣으려는 시도를 하는데, 그 모습은 마치 장례식에서 상주가 고인을 관에 안치하는 것처럼 엄숙하다고 해요. 인간의 포획으로 새끼 고래의 시체조차 찾지 못한 어미 고래는 울면서 우리에게 어떤 말을 하고 있을까요?

더 깊이 보기

고래가 보고 싶거든
줄리 폴리아노 지음 / 문학동네 / ★★

고래를 보고 싶다면 하지 말아야 할 일을 알려 주는 책입니다. 참을성을 가지고 지켜보며 기다리는 이 아름다운 이야기는 마지막에 고래가 수면 아래로 등장하는 예쁜 일러스트로 마무리됩니다.

  It You Want to See a Whale / Julie Fogliano / Roaring Brook / ★★

고래가 그물에 걸렸어요
로버트 버레이 지음 / 불광 / ★

어부들이 버린 그물에 걸려 옴짝달싹 못 하는 고래의 위험한 상황과 물 위로 헤엄치는 자유로운 모습을 강렬한 그림으로 대비하며 보여 주는 책입니다. 생명의 소중함과 신비를 전달합니다.

  Trapped! A Whale's Rescue / Robert Burleigh / Charlesbridge / ★

모비 딕
허먼 멜빌 지음 / 미래엔아이세움 / ★★★

1851년에 발표한 장편 소설 《모비 딕》을 축약한 책입니다. 고래잡이 배를 타고 거대한 고래와 싸우는 웅장한 이야기를 담고 있습니다.

하트 오브 더 씨
2015년 / 미국 / 12세 관람 가

1820년에 에식스호가 성난 향유고래의 공격을 받아 남태평양에서 침몰합니다. 생존을 위한 절망적인 여정을 다룬 이야기입니다.

스위스, 그린덴발트
∼ 고기가 아닌 소를 생각해 보기 ∼

📍 Switzerland 3818 Grindelwald, Switzerland

피르스트
First

스위스 피르스트는 짚라인과 카트 같은 액티비티로 유명하지만, 이곳에서 가장 인상적인 풍경은 한가롭게 풀을 뜯는 소들입니다. 케이블카를 타고 알프스의 절경을 감상하다 보면, 인간의 속도와는 다른 리듬으로 살아가는 소들이 보입니다. 자연 속에서 자유롭게 살아가는 소들을 가까이에서 바라보면, 우리가 잊고 지내던 동물의 삶을 다시 생각하게 됩니다.

교과서 어디에? **초등 5학년 실과:** 소의 성장 과정

푸른 초원과 웅장한 산맥이 어우러진 알프스의 대자연 속에서는 소들이 한가롭게 풀을 뜯고 있습니다. 소들은 목에 둥근 복주머니 모양의 '트라이첼'을 달고 있지요. 한국의 '워낭'과 비슷한 트라이첼은 크기와 구조에 따라 서로 다른 소리를 냅니다. 이걸 달고 다니는 스위스 소들이 마치 거리의 악사 같습니다.

스위스의 소들은 사람이 가까이 다가가도 크게 놀라거나 긴장하지 않습니다. 평생 갇힌 공간에서 지내며 낯선 사람을 만날 일이 거의 없는 한국의 소들과 달리, 알프스의 소들은 방목 상태에서 자유롭게 살기 때문에 사람이 다가와도 눈길조차 주지 않지요.

우리는 과자나 우유처럼 예쁘게 진열된 상품이나 포장된 고기를 사서 먹을 뿐, 동물과 마주할 기회가 별로 없습니다. 그래서인지 동물이 가축이기 전에 살아 있는 존재라는 사실을 종종 잊곤 합니다. 그러나 눈앞에서 동물과 교감하다 보면 그들도 우리처럼 심장이 뛰고 고통을 느끼는 생명이라는 것을 새삼 깨닫게 되지요. 그러다 보면 우리의 식탁에 오르기 위해 피할 수 없는 단계인 '도축' 과정이 궁금해집니다.

한 다큐멘터리 프로그램에서 그 과정을 방영한 적이 있는데, 도축장으로 끌려가는 소의 행동에는 긴장과 두려움이 가득했습니다. 그것이 평생 축사에 살았던 소의 처음이자 마지막 외출이었거든요. 스위스는 도축장

피르스트에서 풀을 먹고 있는 소들.

같은 새로운 곳으로 끌려가는 소들의 스트레스를 줄이기 위해 농가에서 도축하는 것을 허용한다고 합니다.

    고기를 먹지 않을 수 없다면, 동물들을 위해 실천할 수 있는 일은 무엇이 있을까요? 과도한 육식은 줄이고, 동물들이 처한 환경에 관심을 가져 보는 건 어떨까요? 인도의 사상가 간디는 이런 말을 했습니다.

"어떤 나라의 위대함과 도덕적 발전이 어느 정도인지는 그 나라에서 동물을 어떻게 다루는지에 달려 있다."

더 깊이 보기

📕 **건강한 농장의 사계절**
수지 베하르 지음 / 사파리 / ★★

농장 생활을 간접 체험하는 즐거움을 주는 그림책입니다. 계절에 따라 변하는 농장의 모습과 가축을 기를 때 도움을 주는 수의사 등 흥미로운 정보가 함께 담겨 있어요.

 On the Farm / Susie Behar / Kane Miller Book Publishers / ★★

📕 **불량한 우유 회사의 수상한 49층**
알렉산드로 가티 지음 / 책속물고기 / ★★★

평범한 우유 한 컵이 식탁에 올라오기까지의 여정을 따라가는 동화입니다. 식품의 안전과 질을 고민하는 이들에게 교훈을 전합니다.

📕 **우리를 먹지 마세요!**
루비 로스 지음 / 두레아이들 / ★★

채식주의자로 살고 있는 저자가 '동물을 먹는다는 것'에 대한 새로운 시각을 제시하는 그림책입니다. 특히 '공장식 축산 농장'의 현실을 생생하게 전달합니다.

아이슬란드, 셀포스
온천수의 마법 쇼

📍 Haukadalur, 806 Selfoss, Iceland

스트로쿠르 간헐천
Strokkur

아이슬란드의 스트로쿠르 간헐천은 5~10분마다 뜨거운 물기둥을 하늘로 뿜어 올립니다. 수증기가 피어오르는 땅 위에서 기다리다 보면, 갑자기 땅속 깊은 곳에서부터 힘찬 물줄기가 솟구쳐 오르지요. 마치 지구의 심장이 뛰는 모습을 눈앞에서 보는 듯하답니다.

교과서 어디에?
초등 4학년 과학: 화산과 지진
초등 6학년 사회: 세계의 영토, 아이슬란드

이렇듯 아름다운 자연 경관이 한 곳에 모여 있는 곳이 또 있을까요? 아이슬란드의 골든 서클 Golden Circle 은 지구 과학을 직접 체험할 수 있는 살아 있는 교실입니다. 이곳에서는 매년 2cm씩 판이 이동하며 경계가 벌어지는데, 이러한 지질 현상을 육지에서 볼 수 있는 곳은 전 세계에서 아이슬란드뿐입니다.
 마그마가 지각의 틈을 통해 분출되며 용암과 화산재를 뿜어내는 게 바로 화산입니다. 간헐천도 화산과 비슷한데, 뜨거운 물이 지열의 압력을 받아 지각의 틈이나 구멍을 통해 주기적으로 분출되는 현상입니다. 즉, 용암 대신 뜨거운 온천수가 분출되는 것이죠. 이때 물의 온도는 100℃에 이르기도 합니다. 아이슬란드에서는 매일 이런 온천수들의 마법 쇼가 펼쳐집니다.
 아이슬란드에는 사방에서 수증기가 뿜어져 나오며 유황 냄새가 코를 찌르는 간헐천 지대가 있습니다. 크고 작은 간헐천 중에서도 그레이트 게이시르 Great Geysir 와 스트로쿠르 Strokur 간헐천이 대표적이죠. 영어로 간헐천을 뜻하는 '가이저 geyser'는 이 지역 간헐천의 이름인 '게이시르 Geysir'에서 유래한 단어입니다. 간헐천은 아주 오래전, 지구가 흔들릴 정도로 강력한 분출력을 가졌습니다. 그레이트 게이시르는 무려 170m까지 물을 분출했지만, 현재는 활동을 멈췄습니다. 지금 우리가 볼 수 있는 것은 스

스트로쿠르 간헐천에서 온천수가 솟아오르는 모습.

트로쿠르로, 5~10분 간격으로 물을 뿜는 모습을 볼 수 있습니다.

　아이슬란드는 두 대륙판이 만나는 곳이기 때문에 나라 전체가 마치 화산 실험실 같습니다. 곳곳에서 뜨거운 온천수가 솟아오를 뿐만 아니라, '불의 나라'라는 별명처럼 약 5년에 한 번씩 큰 화산도 폭발하거든요. 화산 활동으로 탄생한 섬나라답게 아이슬란드 사람들에게 화산은 매우 친숙한 존재입니다. 예를 들어 바닷속에서 태어난 지 얼마 안 된 쉬트르세이 화산의 경우, 어부가 먼저 화산이 터진 것을 알아챌 정도였다고 합니다. 활발하게 활동 중인 화산이 없어 화산에 별 관심이 없는 우리나라와는 참 다르죠? 우리는 책을 통해 지구의 단층 구조와 암석 종류를 익힐

뿐이지만, 지금 이 순간에도 화산은 지구 어딘가에서 불을 뿜고 있습니다. 그것이 지구가 살아 있다는 증거니까요.

더 깊이 보기

📙 마리 타프
제스 키팅 지음 / 도토리숲 / ★★

하나였던 대륙이 현재의 위치로 이동해 지금의 상태가 되었다는 '대륙 이동설'의 근거를 처음으로 밝혀낸 과학자 마리 타프의 성장 과정과 업적을 다룬 그림책입니다.

 Ocean Speaks / Jess Keating / Tundra Books / ★★

📙 별똥별 아줌마가 들려주는 화산 이야기
이지유 / 창비 / ★★★

화산이 생성되는 과정과 화산 활동으로 인한 지구 변화 등 다양한 화산 지식을 재미있게 알려 줍니다.

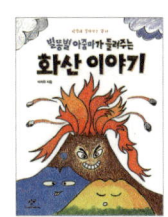

🎬 월터의 상상은 현실이 된다
2013년 / 미국 / 12세 관람 가

잡지사에서 일하는 월터 미티가 폐간을 앞둔 잡지의 마지막 표지 사진을 찾기 위해 그린란드와 아이슬란드로 떠나면서 겪는 모험과 성장을 다룬 영화입니다.

프랑스, 샤모니 몽블랑
산을 오르는 이유

📍 Chamonix-Mont-Blanc, 74400, France

샤모니 몽블랑
Chamonix-Mont-Blanc

샤모니 몽블랑은 유럽에서 가장 높은 곳을 향한 여행이 시작되는 곳입니다. 몽블랑과 이어진 빙하, 하늘을 찌를 듯한 봉우리들이 마을을 감싸고 있죠. 케이블카를 타고 하늘 가까이 오르거나, 산악열차를 타고 빙하의 중심으로 들어갈 수도 있어요. 마을 어디에서든 눈길을 돌리면 경이로운 알프스의 풍경이 끝없이 펼쳐집니다.

(교과서 어디에?) **초등 5~6학년 사회과 부도:** 알프스산맥, 몽블랑산

스위스를 비롯한 유럽의 여러 나라에 걸친 알프스산맥에서 가장 높은 봉우리인 몽블랑Mont Blanc은 하얀Blanc 산Mont이라는 뜻을 가지고 있습니다. 몽블랑 정상은 1년 내내 녹지 않는 만년설과 빙하로 뒤덮여 있어요. 파란 하늘과 새하얀 만년설의 대비가 손에 잡힐 듯 선명하지만, 사실 이곳은 18세기까지만 해도 인간의 발길이 닿지 않은 미지의 세계였습니다. 몽블랑 정상에 악마와 용이 산다고 믿어서였죠.

모든 사람이 눈사태가 자주 일어나는 높은 산을 두려워했던 그 시절, 몽블랑의 아름다움에 매료되어 한순간도 그곳을 잊지 못한 사람이 있었습니다. "그건 내게 열병과도 같았다. 수많은 산을 보았지만, 몽블랑만큼 나를 고통스럽게 사로잡은 산은 없었다"라고 말한 스위스인 H. B. 소쉬르입니다. 소쉬르는 지질학자이자 식물학자로 연구를 위해 더 높은 산을 탐험하다 어느 날 하얀 눈으로 뒤덮인 몽블랑을 마주합니다. 이후 몇 차례나 몽블랑 정상 등반에 도전했지만 번번이 실패한 소쉬르는 몽블랑 정상 등반에 처음 성공하는 사람에게 큰 상금을 주기로 결정했죠. 그리고 26년이 지난 1786년, 마침내 상금의 주인이 나타났습니다. 수정 채취 업자 자크 발마와 의사 미셸 파카르가 몽블랑 정상에 처음으로 올라선 것입니다. 그로부터 2년 후에는 소쉬르 자신도 마흔일곱 살의 나이로 마침내 몽블랑 정상에 섭니다. 그들은 지도도, 기상 관측도 없는 얼음 지대의 열악한 환경에서 야영 방법을 터득하며 결국 인간 승리를 이뤘습니다. 몽블랑 최초 등정은 근대 등반의 출발점으로 인식되었고, 이를 주도한 소쉬르는 '근대 등반의 아버지'로 불리기 시작합니다. 세상의 설산들이 두려움의 대상이 아니라 도전과 탐험의 영역으로 변모하는 순간이었지요. 프랑스의 작은 도시 샤모니 몽블랑에 가면 몽블랑 정상을 향해 서 있는 소쉬르와 발마, 파카르 세 사람의 동상을 볼 수 있습니다.

알프스 설산과 에메랄드 빛깔의 빙하 물이 동화 속 풍경처럼 펼쳐진 도시 샤모니 몽블랑은 몽블랑을 향한 애정이 각별합니다. 1922년에는 도시 이름을 샤모니에서 '샤모니 몽블랑'으로 바꿨고, 1924년에는 제1회 동계 올림픽을 개최했을 정도이니 말입니다. 우리에게 몽블랑은 만년필로도 익숙합니다. 눈 덮인 몽블랑 정상을 상징하는 로고와 몽블랑 정상의

몽블랑 케이블카에서 보이는 풍경.

높이인 4810이라는 숫자를 새긴 펜촉은 세계적으로 명성이 높습니다. '알피니즘Alpinism' 또한 알프스 몽블랑에서 기원한 것으로 알려져 있습니다. 'Alps(알프스)'와 'ism(주의)'를 합친 이 단어는 수많은 어려움을 극복하며 정상을 향하는 의지와 노력을 뜻합니다.

왜 우리는 어차피 내려와야 하는 산을 힘들게 오르려고 할까요? 거대한 산 앞에서 작은 점처럼 보이는 인간이 자신들의 한계를 마주하면서도 도전을 멈추지 않는 이유는 무엇일까요? 에베레스트에 세 번째로 오른 조지 말로리는 왜 에베레스트를 오르려 하느냐는 기자의 질문에 이렇게 답했습니다. "Because it is there.(그곳에 산이 있으니까요.)"

더 깊이 보기

구름 위를 오른 아이
이상배 지음 / 상상스쿨 / ★★
털보 산악인으로 잘 알려진 김태웅 씨의 아들 김영식 군이 알프스 마터호른 정상에 오른 일화를 동화로 엮었습니다.

소쉬르, 몽블랑에 오르다
피에르 장지위스 지음 / 책빛 / ★★
2018년 볼로냐 라가치상 수상작. 알프스 정상을 향한 스위스 과학자 소쉬르의 모험을 다룬 그림책입니다.

황금강의 왕
존 러스킨 지음 / 마루벌 / ★★
'알프스에 대한 사랑'이 담긴 작품. 예술 비평가 존 러스킨이 한 소녀와의 약속을 지키기 위해 쓴 동화입니다.

 The King of the Golden River / John Ruskin / Thames & Hudson / ★★★

노르웨이, 트롬쇠
겨울왕국의 나라

Fv53 1570, 9023 Krokelvdalen, Norway

트롬쇠 북극 순록 농장
Tromsø Arctic Reindeer

트롬쇠의 순록 농장은 사미족이 순록과 함께 살아온 문화를 체험할 수 있는 곳입니다. 순록 썰매를 타고, 순록에게 먹이를 주는 경험을 하다 보면, 영화 〈겨울왕국〉 속 크리스토프와 순록 스벤의 모습이 떠오르죠. 따뜻한 모닥불가에서 사미족의 옛이야기를 듣다 보면, 단순한 동화가 아니라 실제로 이곳에서 이어져 온 이야기라는 걸 알게 될 거예요.

교과서 어디에? 초등 6학년 사회: 북극 지역, 순록

수천 년 동안 북극 지역의 척박한 환경에서 삶을 유지한 '사미족'에게 순록은 친구이자 소중한 자원이었습니다. 과거에는 민족이 함께 모여 살았지만 국경 분쟁으로 인해 노르웨이, 스웨덴, 핀란드, 러시아로 뿔뿔이 흩어진 사미족은 갖은 핍박을 견디며 삶을 이어왔습니다. 50년 전만 하더라도 노르웨이는 일제 강점기 때 일본이 우리에게 했던 것처럼, 사미족만의 전통 의상과 언어를 금지했습니다. 게다가 자신들의 기준에서 특이하게 생겼다며 '인간 동물원'을 만들어 사미족을 구경거리로 삼기까지 했지요.

　노르웨이 북극권 지역의 최대 도시이자 오로라 연구의 중심지인 트롬쇠는 북유럽 소수민족인 사미족의 문화와 역사를 잘 간직하고 있습니다. '트롬쇠 북극 순록 농장'을 운영하는 한 사미족은 이렇게 말합니다. "이곳 농장 말고도 산에 3000마리의 순록이 더 있어요. 새벽에 순록들을 살피러 가야 해서 서너 시간밖에 못 자는 날도 있어요. 울버린은 순록 머리만 먹고 가고, 스라소니는 순록을 죽여서 대충 먹고 가요. 아끼는 순록들이 죽어 있는 모습을 보면 지구 끝까지라도 쫓아가서 복수하고 싶지만, 어떤 녀석이 순록을 죽였는지 뻔히 아는데도 우리는 그들을 죽일 수 없어요. 노르웨이에서는 사람을 죽이면 10~15년쯤 감옥에 가지만, 동물을 죽이면 그보다 더 오래 감옥에 있어야 하거든요."

'트롬쇠 북극 순록 농장'에서 만날 수 있는 순록들.

    영화 〈겨울왕국〉 시리즈는 사미족을 모티프로 만들었습니다. 주인공 크리스토퍼의 옷차림, 그의 소중한 친구인 순록 스벤과의 관계는 사미족과 순록 무리의 관계에서 영감을 받았다고 합니다. 〈겨울왕국 2〉의 줄거리도 사미족과 노르웨이인의 대립이 배경입니다. 사미족의 전통 가요인 요이크Joik를 바탕으로 만든 노래 '부엘리Vuelie'는 영화 〈겨울왕국〉의 중요한 테마곡으로 사용되었죠.

그렇다면 디즈니는 왜 유명하지도 않은 소수민족의 얘기를 다뤘을까요? 1970년대에 노르웨이 정부는 사미족 지역에 '알타 댐'을 건설해 사미족의 자연환경과 순록 방목지를 파괴했습니다. 영화 속 엘사와 안나는 할아버지인 아렌델 왕이 지은 댐을 붕괴시킴으로써 선조들의 잘못을 인정하고, 역사적 상처를 치유하려는 용기를 냅니다. 영화 속에서라도 잘못된 것들을 바로잡으려는 사람들의 판단이 있었던 것입니다.

우리는 문화적 경험을 통해 많은 것을 배웁니다. 소수민족과의 다름을 인정하며 함께 잘 살아가는 엘사와 안나의 태도 또한 오늘날 우리의 모습을 되돌아보게 합니다.

더 깊이 보기

순록의 크리스마스
모 프라이스 지음 / 문학동네 / ★
순록이 산타의 썰매를 끌게 된 이야기를 담았습니다.

동물들의 놀라운 지구 여행기
로라 놀스 지음 / 한겨레아이들 / ★★
동물들의 멀고 먼 여정을 아름다운 그림과 함께 담은 그림책. 거북, 홍연어, 제왕나비, 순록 등의 놀라운 대이동 장면들을 소개합니다.

 We Travel So Far / Laura Knowles / Words & Pictures / ★★

겨울왕국
2014년 / 미국 / 전체 관람 가
안데르센의 원작 《눈의 여왕》에서 영감을 얻어 탄생한 디즈니 애니메이션입니다. 아름다운 음악과 매력적인 캐릭터들이 어우러져 전 세계 관객들에게 깊은 감동을 선사한 영화입니다.

노르웨이, 트롬쇠
용감한 썰매 개

📍 Straumsvegen 601, 9105 Kvaløya, Norway

트롬쇠 야생 센터
Tromsø Wilderness Center: Dog sledding

트롬쇠 야생 센터는 300마리가 넘는 알래스칸 허스키가 생활하는 곳입니다. 북극권에 있지만 바다와 가까워 겨울에도 강추위가 덜해 개썰매를 타기에 좋은 환경을 갖추고 있지요. 겨울에는 설원을 가로지르는 개썰매 체험을, 여름에는 허스키 하이킹을 즐길 수 있습니다. 허스키들과 교감하며 북극의 자연과 개썰매 문화를 직접 경험해 보세요.

교과서 어디에? 초등 6학년 사회: 그린란드, 개썰매

북쪽 사람들에게 개썰매는 수천 년 동안 이어져 온 최고의 이동 수단이에요. 대표적인 썰매 개 종인 허스키는 설원에서도 10km 이상을 기억하며 방향을 잃지 않는다고 합니다. 주인이 부상을 입더라도 개들은 스스로 썰매를 끌고 집으로 돌아가며, 몇 마리가 다친다 해도 나머지 개들이 계속 달릴 수 있습니다. 핀란드 북부 지역의 중심 도시이자 산타클로스의 공식 거주지로 알려진 로바니에미에서 영하 20℃는 흔한 일입니다. 개들은 이런 추위 속에서도 정말 괜찮을까요? 허스키라면 문제없습니다. 겉은 거친 털로, 속은 고운 털로 이중 털옷을 입고 있거든요. 덕분에 허스키는 눈구덩이에 누워 몸을 비벼도 피부가 젖지 않는다고 합니다. 그러니 만약 허스키가 끄는 개썰매를 탄다면 미안해하지 않아도 됩니다. 허스키들도 아마 그 순간을 즐기고 있을 테니까요.

"영하 50℃에 달하는 혹한과 시속 80km가 넘는 바람. 위험을 무릅쓰고 한 사람이 개와 왕복 1030km를 달린다."

— 영화 〈토고〉 중에서

1925년 1월, 알래스카의 작은 도시 놈Nom에 전염병이 발생합니다. 항체가 없는 어린아이들이 모두 희생되기 전, 누군가는 멀리 떨어진 도시

앵커리지에서 백신을 가져와야만 합니다. 추위와 폭설로 모든 교통수단이 마비된 상황에서 평균 25일이 걸리는 길을 과연 누가 떠나려 할까요? 그런데 이 말도 안 되는 여정을 쉬지 않고 달려 5일 8시간 만에 백신을 가져와 어린이들의 생명을 구한 용감한 존재들이 있습니다. 〈토고〉는 노르웨이계 미국인 개 조련사 레온하르트 세팔라와 그의 개 토고의 실화를 바탕으로 만든 영화입니다.

토고는 다른 강아지보다 왜소하고 약하게 태어났습니다. 처음에는 조련사인 세팔라와 다른 썰매 개들에게 방해만 되는 말썽꾸러기였죠. 몸이 약한 토고를 다른 지역에 보내기도 해 봤지만, 놀랍게도 매번 세팔라를 다시 찾아왔습니다. 세팔라는 '어디 한번 달려 봐. 썰매 개들이 얼마나 빠르고 힘이 센지 직접 깨달아야 정신을 차리지!'라는 마음으로 썰매를 끌게 했는데, 거기서 토고의 재능을 발견합니다. 토고는 그냥 썰매 개가 아니라 맨 앞에서 썰매의 방향을 이끄는 '리드 독'의 자질이 있었지요. 약해 보이는 외모와 달리 토고는 포기를 몰랐고, 미래의 챔피언으로 거듭납니다. 세계 기록을 세우며 백신 배달을 완수했을 때, 토고의 나이는 은퇴할 시기가 이미 지난 열두 살이었습니다. 토고의 날카로운 판단력 덕분에 일행은 지름길인 얼음 위를

알래스칸 허스키의 집들.

지나 무사히 임무를 완수할 수 있었지요.

　세상이 늘 순리대로 흘러갈 것 같지만, 현실은 기대와 다를 때가 많습니다. 위험을 무릅쓰고 험한 길을 달려 핵심 임무를 완수한 토고의 노력은 온데간데없고, 마지막 85km를 남긴 지점에서 백신을 전해 받은 '발토'가 화제를 독차지했지요. 발토는 1995년 애니메이션 영화 〈발토〉로 뉴욕 센트럴파크에 동상이 세워질 만큼 유명해졌습니다. 수고는 토고가 했지만, 이익은 발토가 가져간 꼴이었습니다.

　허탈할 법도 하지만, 세팔라와 토고는 담담하게 현실을 받아들이며 삶을 이어 나갔습니다. 그들에겐 아이들을 살렸다는 사실과 가장 소중한 친구가 곁에 있는 것만큼 중요한 건 없었을 테니까요.

더 깊이 보기

나의, 블루보리 왕자
오채 지음 / 문학과지성사 / ★★
4학년 아이의 감정과 내면 세계를 허스키라는 개를 통해 진솔하게 그려낸 책입니다.

Togo
Robert J. Blake / Philomel / ★★
2002년 페어런츠 초이스상 수상작. 영화 〈토고〉의 원작으로, 역사상 가장 영웅적인 개 중 하나로 뽑히는 시베리안 허스키의 실화를 담고 있습니다.

토고
2019년, 미국, 12세 관람 가
1925년에 알래스카의 디프테리아 항독소 운반 레이스에서 노르웨이계 미국인 조련사와 그의 개 토고가 전염병을 막기 위해 펼친 영웅적인 여정을 다룬 영화입니다.

아이슬란드, 회픈
~ 얼음의 땅 아이슬란드 ~

📍 Jökulsárlón, 781 Höfn í Hornafirði, Iceland

요쿨살론 빙하 보트 투어
Jökulsárlón Glacier Lagoon Boat Tours and Cafe

요쿨살론은 아이슬란드에서 가장 유명한 빙하 호수입니다. 아이슬란드에서 가장 큰 빙하에서 떨어진 얼음 조각들이 호수 위를 떠다녀요. 보트 투어를 하면 빙하를 가까이에서 보고, 바닷물과 만난 빛나는 얼음을 감상할 수 있습니다. 수천 년 된 얼음을 직접 만지고 맛볼 수도 있어요. 신비로운 빙하의 세계를 경험할 수 있는 곳입니다.

(교과서 어디에?)   **초등 5학년 과학:** 방위, 북극성

빙하의 매력을 관찰하는 일은 아이슬란드 여행에서 빼놓을 수 없는 경험입니다. 요쿨살론 빙하 호수의 얼음 조각들은 호수에서 연결된 해변으로 흘러나와 다이아몬드처럼 빛납니다. 그래서인지 해변 이름도 다이아몬드 비치랍니다. 빛나는 얼음 조각과 화산 활동으로 형성된 검은 모래가 펼쳐진 이곳의 풍경은 마치 다른 행성으로 온 듯한 착각을 불러일으킵니다. 자동차에서 요트로 변신하는 수륙 양용 보트를 타면 빙하에서 떨어져 나온 유빙 조각을 맛볼 수도 있죠.

　지구본의 맨 꼭대기에서 찾을 수 있는 아이슬란드와 그린란드의 역사는 한 바이킹 가족의 이야기로 거슬러 올라갑니다. 어느 날 노르웨이 자다르Jadarr에서 살인 사건이 발생합니다. 범인으로 밝혀진 토르발드Thorvald은 결국 노르웨이에서 추방되는데, 그때 그가 떠올린 나라가 바로 아이슬란드였습니다. 당시 사람들은 이 섬의 이름이 아이슬란드가 된 이유를 두 가지로 추측했다고 합니다. 하나는 이름 그대로 얼음으로 뒤덮여 있었기 때문이라는 의견이었지만, 나머지 하나는 정반대였습니다. 파릇파릇한 식물이 자랄 만큼 의외로 기후가 따뜻해서, 이 섬을 발견한 사람이 섬을 독차지하고 싶은 마음에 '얼음의 땅'이라는 공포스러운 이름을 붙였다는 주장이었죠. 진실을 알 수는 없지만 막다른 골목에 몰린 토르발드는 결국 다른 바이킹들과 함께 아이슬란드로 향합니다.

빙하에서 흘러나온 얼음 조각.

206 교과서로 떠나는 유럽 여행

나침반조차 없던 시절, 그들은 어떻게 망망대해에서 길을 잃지 않았을까요? 우선 그들은 막대기를 세우고, 그림자의 길이 변화를 주시했습니다. 태양의 위치에 따른 막대기 그림자의 길이로 북쪽과 남쪽을 구분한 것입니다. 또한 바닷물의 흐름과 새들의 날갯짓을 주의 깊게 살피며, 새들이 날아가는 방향이 육지일 거라 짐작하기도 했습니다. 밤하늘의 북극성과 다른 별들을 관찰해 방향을 찾기도 했고요. 바이킹의 경험과 지식을 활용해 북서쪽으로 항해한 끝에 마침내 아이슬란드에 다다릅니다.

대대로 잘 살아서 해피 엔딩으로 끝났다면 좋으련만, 비극이 되풀이되고 맙니다. 토르발드의 아들인 '붉은 머리' 에이리크 Eric the Red 는 아이슬란드 유지의 딸과 결혼해 4명의 자녀를 낳고, 안정된 삶을 살아가는 것처럼 보였습니다. 그러나 욱하는 성격으로 살인을 저지르고 아이슬란드에서 추방됩니다. 그런 그가 아이슬란드로 다시 돌아온 계기는 공교롭게도 새로운 땅을 찾았기 때문이었습니다. 그는 사람들에게 '초록빛 땅'을 찾았다며 오늘날로 따지면 부동산 과장 광고를 합니다. 이 섬이 바로 그린란드입니다.

콜럼버스보다 500년이나 먼저 아메리카를 발견한 것도 이 집안의 인물 중 하나입니다. 이번에는 붉은 머리 에이리크의 아들 '레이프 에이릭손Leift Erikson'이었죠. 할아버지와 아버지로부터 모험 유전자를 물려받은 걸까요? 어느 날 그는 아이슬란드에서 그린란드로 향하다 폭풍우를 만난 헤르욜프손의 이야기를 듣게 됩니다. "폭풍우와 강풍에 휩쓸려 며칠을 바다에서 보냈는데, 평평한 돌들이 깔린 육지를 발견했어." 이 이야기를 들은 에이릭손은 사람들을 모아 항해를 시작합니다. 항해 끝에 그가 도착한 곳이 노르웨이어로 '포도나무vine의 땅'을 의미하는 빈란드Vinland, 오늘날의 아메리카 대륙이었습니다. 이 이야기는 북유럽의 오랜 무용담인 '사가saga'로 전해지다 1960년대에 이르러 노르웨이의 고고학자인 안네와 헬게 부부의 연구로 사실임이 밝혀졌습니다.

"북풍이 바이킹을 만들었다"라는 속담처럼 바이킹은 극한의 추위와 거센 파도에 맞서 싸워 왔습니다. '얼음의 땅'으로 이름 지은 아이슬란드도 그렇습니다. 어려운 환경 속에서도 강인한 정신력으로 역사를 써 나간 바이킹의 정신을 북유럽 곳곳에서 만날 수 있습니다.

더 깊이 보기

닭들이 이상해
브루스 맥밀란 지음 / 바람의 아이들 / ★

아이슬란드 마을에서 달걀을 구하기 위해 닭을 사 온 아주머니들이 닭들의 이상한 행동에 골치를 앓는 이야기를 담았습니다.

 The Problem with Chickens / Bruce McMillan / Walter Lorraine Books / ★★

잃어버린 세계를 찾아서
2008년 / 미국 / 전체 관람 가

쥘 베른이 쓴 고전 과학 소설 《지구 속 여행》 원작을 바탕으로 한 영화. 지각 변동을 연구하는 지질학자 트레버가 고서의 암호를 해독해 아이슬란드로 위험한 여행을 시작합니다.

핀란드, 라우나
이글루가 따뜻한 이유

📍 Leirintäalueentie 5, 97700 Ranua, Finland

아틱 폭스 이글루
Arctic Fox Igloos

핀란드 로바니에미 근처에 위치한 유리 이글루 숙소입니다. 객실 안에서는 끝없이 펼쳐진 눈밭과 반짝이는 북극의 밤하늘을 감상할 수 있어요. 운이 좋으면 하늘을 수놓는 오로라도 볼 수 있습니다. 사우나가 갖춰진 전용 오두막에서는 몸을 따뜻하게 데운 뒤, 눈구덩이에 뛰어들었다가 다시 사우나로 돌아오는 핀란드식 사우나를 체험할 수도 있어요.

(교과서 어디에?)   초등 6학년 사회: 이글루

너무 추워서 생명체가 살 수 없을 것 같은 북극 지방에도 사람이 살아요. 벽돌이나 콘크리트 대신 얼음으로 집을 짓고, 동물의 가죽과 털로 두꺼운 옷을 만들어 입으며 추위를 이기는 사람들, 바로 '이누이트족'입니다.

　이누이트족은 얼음낚시를 하거나 순록을 키우며 생활합니다. 얼음집인 '이글루'는 원래 이누이트족이 집에서 멀리 떨어진 지역으로 사냥을 나갈 때 임시로 머무는 용도로 지었다고 해요. 이글루를 짓는 일은 너무 단단하거나 너무 무르지 않은 눈이 쌓여 발이 푹 꺼지지 않는 적당한 지역을 찾는 것에서부터 시작됩니다. 그리고 눈 바닥 위에 톱으로 눈을 잘라 낸 '눈 벽돌'을 하나씩 쌓아 돔 모양의 지붕을 만듭니다.

　이글루는 왜 영화 〈겨울왕국〉 속 얼음 궁전처럼 뾰족한 탑이 아닌 둥근 형태일까요? 단순해 보이는 이 둥근 형태에는 놀라운 건축 기술이 숨어 있습니다. 기온이 영하 40℃까지 떨어지는 북극 지역에서 가장 좋은 집은 거친 바람에도 끄떡없는 집입니다. 건물이 안정적으로 서 있기 어려운 환경에서 네모난 형태의 집이나 높은 지붕은 단단한 얼음이라도 쉽게 무너질 수 있습니다.

　이누이트 2명이 2시간 정도면 지름 5m 정도의 이글루를 만들 수 있다고 합니다. 입구는 바람이 부는 반대 방향으로 최대한 낮게 파서 찬바람이 들어오지 못하게 막습니다. 동물 가죽을 깔아 바닥의 냉기를 차단하

이누이트족이 이글루를 짓는 모습.

고, 불을 피울 수 있도록 굴뚝을 내어 고래 기름으로 불을 피우면 실내 온도를 20~25℃까지 높일 수 있습니다. 내부 온도가 너무 높아 얼음이 다 녹으면 어떡하냐고요? 걱정하지 않아도 됩니다. 따뜻한 공기에 얼음이 녹더라도 금세 다시 얼어붙을 정도로 북극 지역은 아주 춥거든요. 차곡차곡 쌓은 벽 사이로 얼음이 녹았다가 얼어붙는 과정이 반복되면, 그 틈은 마치 접착제를 바른 것처럼 빈틈없이 달라붙고 벽은 오히려 바위처럼 단단해진다고 합니다.

　요즘은 이글루의 모양을 본떠 만든 호텔 객실도 있습니다. 노르웨이에 위치한 호텔 '린겐 노스'나 핀란드 '아틱 폭스 이글루'는 오로라를 감상하며 하룻밤을 보내기에 좋은 곳입니다. 이글루 형태로 지은 이 객실은 투명한 유리로 만들어 바깥 풍경을 사방에서 즐길 수 있습니다. 누워서 하늘을 바라보며 별자리를 찾거나 오로라를 볼 수 있다면 그 또한 평생 잊을 수 없는 추억이 되겠지요.

더 깊이 보기

이글루를 만들자
울리 쉬텔처 지음 / 비룡소 / ★

북극에서 2년간 에스키모와 함께 생활한 사진 작가가 이글루 만드는 과정을 생생하게 담은 책. 눈 벽돌을 잘라 쌓고, 출입구와 굴뚝을 만드는 과정이 자세히 소개되어 있습니다.

세상의 모든 집으로
싱네 토르프 지음 / 웅진주니어 / ★

이글루부터 보트하우스 그리고 토굴집까지 세계 각지의 독특한 집들을 소개하는 책. 다양한 형태의 집과 지역의 특징을 살펴볼 수 있습니다.

내 이름은 올레마운
크리스티 조단-펜톤, 마가렛 포키악-펜톤 / 산하 / ★

백인 중심 사회 속 기숙학교에 보내진 이누이트 소녀의 실화를 바탕으로 쓴 책. 이름과 자유를 빼앗긴 올레마운이 책을 읽고 싶다는 꿈을 끝까지 지켜낸 감동적인 이야기입니다.

 When I was Eight / Christy Jordan-fenton, Margaret Pokiak-fenton / Annick Press / ★★

유럽의 다양한 요리를 소개해요!

스페인 & 벨기에

스페인 요리

스페인 요리는 다채로운 재료로 풍부한 맛을 냅니다. 스페인 사람들은 음식을 예술처럼 여기고 신선한 재료와 조리법을 중시합니다. 또한 가족과 친구들이 함께 모여 음식을 나누어 먹는 시간을 중요하게 생각해요.

스페인의 전통 요리 중 하나인 파에야는 쌀을 주재료로 사용해서 한국인들의 입맛에도 잘 맞습니다. 아랍 사람들이 스페인에서 쌀 농사를 지은 덕분에 스페인 사람들도 쌀을 즐겨 먹게 되었지요. 스페인 사람들은 일요일 점심에 여럿이 모여 파에야를 만들어 먹곤 하는데, 다양한 지역에서 각기 다른 방식으로 발전시켜 현재는 수천 가지의 조리법이 존재한다고 합니다.

PAELLA

파에야 Paella
넓고 얕은 프라이팬을 뜻하는 '파에야'는 팬에 고기, 마늘, 양파 등을 넣고 볶은 뒤 불린 쌀과 해산물을 더해 만듭니다. 세계에서 가장 비싼 향신료 중 하나인 사프란을 넣어 아름다운 황금빛을 냅니다.

아로스 네그로 Arroz Negro
'아로스'는 쌀을, '네그로'는 검은색을 뜻합니다. 오징어 먹물로 검게 만든 파에야로, 주로 오징어와 새우 등 해산물을 넣어 깊은 풍미를 냅니다.

ARROZ NEGRO

타파스 Tapas
'덮개'라는 뜻을 지닌 타파스는 원래 파리가 음료수에 들어가는 것을 막기 위해 빵을 덮어 두던 것에서 유래했어요. 작은 접시에 담긴 애피타이저로 주요리 전에 와인이나 맥주와 함께 즐깁니다.

코치니요 아사도 cochinillo asado
태어난 지 20~40일 된 어린 돼지의 뱃속에 마늘을 채우고 소금, 올리브 오일 등을 뿌려 오븐에서 통째로 구워낸 요리로, 겉은 바삭하고 속은 부드러운 것이 특징입니다.

올라 포드리다 Olla Podrida
우리나라의 뚝배기와 비슷한 냄비에 다양한 고기와 양파, 마늘, 콩, 쌀 등을 함께 넣고 오래 끓여 만든 스튜입니다.

라보 데 토로 Rabo de Toro
황소 꼬리를 와인, 채소와 함께 천천히 끓여 만든 스튜입니다.

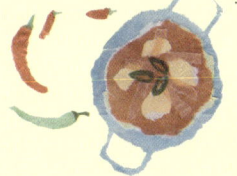

사르수엘라 Zarzuela
스페인의 전통 해산물 스튜로 다양한 해산물과 토마토, 마늘, 양파, 파프리카 등을 함께 끓여 만듭니다.

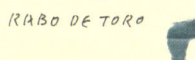

가스파초 Gazpacho
잘 익은 토마토, 오이, 피망, 양파 등을 갈아 넣어 만든 차가운 수프입니다. 상큼하고 신선한 맛이 나서 여름철에 시원하게 즐기기 좋아요.

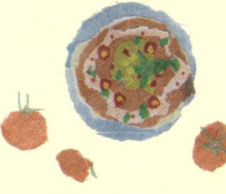

3 자연

살모레호 Salmorejo
잘 익은 토마토, 빵, 올리브 오일, 마늘을 갈아 넣어 만든 차가운 수프입니다. 가스파초와 비슷하지만 더 진하고 걸쭉하며, 하몽과 삶은 달걀을 토핑으로 얹어 즐깁니다.

하몽 Jamón
스페인의 전통 생햄으로 돼지 뒷다리를 소금에 절여 장기간 숙성시켜 만듭니다. 얇게 저며 먹으며, 깊고 풍부한 맛이 납니다.

초리조 Chorizo
돼지고기와 다양한 향신료로 만든 스페인의 전통 소시지입니다. 파프리카를 넣어 붉은색을 띠고, 풍부한 향과 매콤한 맛이 나요. 생으로 먹거나 요리에 사용합니다.

하몽 이베리코 Jamón Ibérico
이베리코 돼지의 뒷다리를 소금에 절여 장기간 숙성시켜 만든 스페인의 최고급 햄입니다. 얇게 저며 먹으며, 식감이 부드럽고 풍부한 맛이 납니다.

보카디요 Bocadillo
바게트 같은 바삭한 빵에 하몽, 치즈, 토마토, 올리브 오일 등을 넣어 만드는 스페인 전통 샌드위치입니다.

상그리아 Sangria
레드 와인에 과일 조각, 설탕, 브랜디 등을 넣어 만드는 음료입니다. 시원하고 상큼한 맛이 나며, 주로 여름철에 즐깁니다.

추로스 *Churros*

밀가루 반죽을 가늘고 긴 막대 모양으로 만들어 튀긴 후 설탕을 뿌려 먹는 스페인의 전통 디저트입니다. 바삭하고 달콤하며, 주로 초콜릿 소스에 찍어 먹어요.

벨기에 요리

벨기에는 미식가들의 천국입니다. 와플, 프리츠(벨기에식 감자튀김)와 같은 거리 음식도 미식가들을 사로잡지요. 흥미롭게도 '프렌치 프라이'의 원조를 두고 프랑스와 벨기에는 아직도 다투고 있습니다. 지금 벨기에에서는 '프렌치 프라이'가 아니라 '프리츠'라 부르고 케첩 대신 마요네즈에 찍어 먹지만요. 1964년 뉴욕 만국 박람회에서는 벨기에인 모리스 페르메르슈가 '벨기에 와플'을 소개하면서 큰 인상을 남겼습니다. 미국식 와플은 밀가루 반죽을 베이킹파우더로 부풀려 구운 뒤 시럽을 뿌려 먹는데, 벨기에식 와플은 달걀흰자와 이스트로 발효시킨 반죽을 사용해 좀 더 바삭하고 신선한 과일과 달콤한 휘핑크림을 얹어 먹습니다.

물 프리츠 *Moules Frites*

'물'은 프랑스어로 홍합을, '프리츠'는 감자튀김을 뜻합니다. 신선한 홍합을 화이트 와인, 마늘, 샬롯, 허브와 함께 찐 뒤 감자튀김을 곁들여 먹습니다.

스테이크 프리츠 Steak Frites
구운 스테이크와 바삭한 감자튀김을 함께 먹는 간단하지만 인기 있는 요리입니다. 다양한 소스와 함께 즐길 수 있습니다.

벨기에 초콜릿 Belgian Chocolate
벨기에의 대표적인 특산물로, 전통적인 제조 방법과 고품질의 재료를 사용해 전 세계적으로 사랑받고 있습니다.

와플 Waffle
밀가루와 달걀 등을 섞은 반죽을 바삭하게 구워 과일, 생크림 등 다양한 토핑을 얹어 먹는 벨기에의 대표적인 디저트입니다. 브뤼셀 와플은 네모난 모양에 바삭한 식감이 있고, 리에주 와플은 더 달고 쫄깃하며 둥그스름한 모양에 설탕 결정 '펄 슈'를 뿌려 만들어요.

스페퀼로스 Speculoos
계피, 넛맥, 정향 등의 향신료를 넣어 만드는 벨기에 전통 크리스마스 쿠키입니다. 얇고 바삭하며 커피나 차와 함께 즐겨 먹어요.

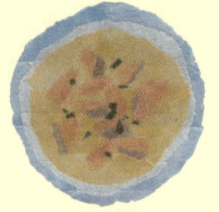

카르보나드 Carbonade
소고기를 양파와 함께 브라운 에일 맥주에 넣고 천천히 끓여 만드는 벨기에의 전통 스튜 요리입니다. 감자튀김이나 빵과 함께 먹어요.

치커리 그라탱 Chicon Gratin
쌉쌀한 채소인 치커리를 햄으로 감싸 치즈 소스를 얹어 오븐에 구워 만드는 그라탱입니다. 부드러운 치커리와 고소한 치즈, 짭짤한 햄이 조화를 이룹니다.

비어 치즈 *Beer Cheese*
맥주와 치즈를 함께 녹여 만드는 벨기에의 전통적인 치즈 요리입니다. 빵이나 프레첼, 채소 등을 찍어 먹어요. 진한 맥주 향과 치즈의 풍미가 어우러져 독특한 맛을 냅니다.

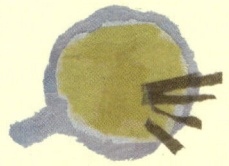

바테르조이 *Waterzooi*
겐트 지역의 전통 스튜 요리로, 닭고기나 생선을 부드러운 크림소스와 함께 끓여 만듭니다. 주로 감자, 당근, 셀러리 등 다양한 채소를 넣으며, 부드럽고 풍부한 맛이 특징이에요.

4

인물

한 사람의 도전이
세상을 바꿀 수 있을까?

프랑스, 쿠브레

∽ 도전 정신이 만들어 낸 환상의 세계 ∽

📍 Bd de Parc, 77700 Coupvray, France

디즈니랜드 파리
Disneyland Paris

유럽 대륙에 하나뿐인 디즈니랜드입니다. 독일 노이슈반슈타인성에서 영감을 받아 디자인한 이곳의 디즈니성은 동화 속 한 장면을 실제로 보는 듯 아름답습니다. 어둠이 내리면 100년 동안 탄생한 디즈니의 캐릭터들과 이야기가 일루미네이션으로 펼쳐집니다.

교과서 어디에?
초등 3학년 음악: 마법사의 제자, 디즈니
초등 4학년 미술: 아름다운 빛, 불꽃놀이

소설 《정글북》의 저자 러디어드 키플링은 "역사를 이야기로 가르치면 절대 잊지 않을 것이다"라고 말했습니다. 요즘은 역사뿐만 아니라 예술, 교육, 마케팅에 이르기까지 다양한 분야에서 스토리텔링의 중요성이 점점 더 커지고 있지요. 디즈니랜드의 창업자인 월트 디즈니는 전설적인 스토리텔러입니다.

    "스토리가 좋으면 그림도 좋아진다. 그러나 스토리가 약하면 최고의 컬러, 톱스타, 음악, 애니메이션을 총동원해도 스토리를 살리지 못한다."

- 월트 디즈니

    1901년 미국 시카고에서 태어난 월트 디즈니는 어릴 적부터 농장에서 동물들을 보며 그림을 그리고 이야기를 만들면서 상상력을 키워 나갔습니다. 열아홉 살 때는 애니메이터 어브 아이웍스와 함께 '래프 오 그램'이라는 애니메이션 스튜디오를 설립했지만 자금 부족과 인력 문제로 힘든 시기를 보냈습니다. 이런 어려움 속에서도 월트는 새로운 캐릭터 '미키 마우스'에 에너지를 쏟아부었고, 형 로이 디즈니의 도움으로 스물두 살에 '월트 디즈니 스튜디오'를 설립했지요.

    1950년에는 월트가 두 딸에 대한 마음을 담은 '디즈니랜드' 아이디어

를 선보였지만 언론은 "월트의 바보짓"이라며 일제히 비판했습니다. 은행에서는 자금을 대출해 주지 않아 월트가 자신의 생명보험과 주택을 담보로 자금을 조달할 수밖에 없었지요. 하지만 많은 어려움에도 다양한 스토리와 시각적 요소를 담으며 디즈니랜드를 사람들이 당장 달려가고 싶은 곳으로 만들어 냈습니다.

10년이 지나자 월트는 다시 고민에 빠졌습니다. 디즈니랜드를 방문했던 아이들이 성장하면서 이용객 수가 줄어들었기 때문이지요. 다양한 연령층이 이용해야 지속적으로 운영할 수 있는데, 당시 디즈니랜드는 어린이를 위한 유치한 놀이터로만 여겨진 것입니다. 월트는 관심사가 바뀐 10대 딸 아이앤에게 디즈니랜드에 뭐가 있으면 가고 싶겠느냐고 물었습니다. 그러자 딸은 "남자애들이요"라고 대답했어요. 그 순간 10대가 가장 좋아하는 음악과 춤, 반짝이는 밤에 대한 아이디어를 떠올린 월트는 '디즈니랜드 야간 개장'을 시작했고, 이용객 수가 두 배로 급증했습니다.

월트는 디즈니랜드가 "과거, 현재, 미래 그리고 환상이 오가는 곳"이 되기를 바랐습니다. 그렇게 만들기 위해 고객을 더 즐겁게 해 줄 수 있는 방법을 끊임없이 찾고 새로운 것에 대한 도전을 멈추지 않았습니다. 무엇보다도 디즈니랜드가 남녀노소 모두 즐길 수 있는 곳이 된 것은 디즈니의 스토리텔링 덕분입니다. 디즈니랜드를 방문한 어른들은 어린 시절에 좋아했던 캐릭터와 이야기를 만나며 추억을 떠올리고, 아이들은 새로운 이야기를 발견합니다. 설렘과 여운이 가득한 경험을 제공하는 것입니다.

더 깊이 보기

색이 가득한 주머니
에이미 굴리엘모 & 재클린 투르빌 지음 / 함께자람 / ★
함께자람 인물 그림책 시리즈 9권 중 하나입니다. 디즈니 고전 만화 영화의 등장인물과 배경을 만드는 데 크게 기여한 메리 블레어의 삶과 예술을 담고 있습니다.

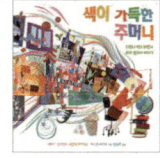

 Pocket Full of Colors / Amy Guglielmo & Jacqueline Tourville / Atheneum Books / ★★

Who? 월트 디즈니
이수정 지음 / 다산어린이 / ★★★
세계적으로 유명한 인물들의 이야기를 담은 만화 시리즈 중 하나입니다. 이 책은 월트 디즈니의 창업 이야기와 디즈니랜드의 탄생 그리고 그의 영향력에 대해 다룹니다.

세이빙 MR. 뱅크스
2013년 / 미국·영국 / 12세 관람 가
뮤지컬 영화 〈메리 포핀스〉의 제작기를 담은 감동 실화. 월트 디즈니와 작가 트래버스가 서로의 상처를 마주하며 한 편의 이야기를 완성해 가는 과정을 그립니다.

영국, 오핑턴
진화론을 발표한 찰스 다윈

📍 Luxted Rd, Downe, Orpington BR6 7JT, UK

다운 하우스
Home of Charles Darwin - Down House

찰스 다윈과 아내 엠마 그리고 10명의 자녀가 1842년부터 40여 년간 함께 살았던 곳입니다. 온실과 넓은 정원이 있고 서재에는 다윈이 사용하던 책상과 의자가 여전히 보존되어 있어요. 다윈은 이곳에서 《종의 기원》을 썼습니다.

교과서 어디에?
초등 3학년 과학: 과학자, 탐구
중학교 역사 ①: 진화론, 다윈, 종의 기원

런던 자연사 박물관은 생물 표본과 공룡 화석 등을 4억여 점이나 소장하고 있습니다. 생물을 전시하는 라이프 갤러리와 무생물을 전시하는 어스 갤러리로 나뉘어 있고, 야외 전시실에 있는 다윈 센터는 세계적인 생물학자 찰스 다윈의 연구를 포함해 다양한 생물 표본과 함께 진화론에 대한 해설을 제공하고 있어요.

의사 집안에서 태어난 다윈은 아버지의 뒤를 이어 의대에 진학했지만 적성에 맞지 않아 포기하고 케임브리지 신학대학에 들어갔습니다. 그곳에서 헨슬로 교수를 만났고, 그의 추천으로 비글호에 탑승했습니다. 그리고 2년으로 예상했던 항해가 5년이나 이어질 줄은 상상도 하지 못한 채 1831년 12월 27일에 항해를 시작했지요. 5년 중 500일을 배 위에서 거친 파도와 전염병에 맞서 싸우며 시간을 보냈습니다.

비글호에서 영국 해군은 해안 지역을 정밀하게 측량하고 항로를 개척하는 임무를 수행했지만, 다윈은 많은 생물을 세심하게 관찰하고 기록하며 생물이 환경에 따라 변한다는 생각을 하게 되었습니다. 항해 도중 기록한 메모와 알코올로 보존한 표본들을 영국으로 보냈고, 헨슬로 교수와 과학자들이 그것들을 분석했지요. 그가 기록하고 수집한 자료는 일기 700장, 매일 작성한 일지 3000장, 방문한 지역의 지질 및 동물에 관한 기록 1700장 등 엄청난 양이었습니다. 동물의 가죽과 뼈를 비롯한 다양한

다운 하우스의 온실.

표본은 3900점이 넘었습니다. 모두 영국에서 획득하기 어려운 귀중한 연구 자료였지요.

　런던에서 차로 1시간 정도 달리면 찰스 다윈이 가족과 함께 살았던 '다운 하우스'가 나옵니다. 다윈은 이곳에서 자신이 기록한 것들을 바탕으로 의문점을 해결하기 위한 실험을 계속했어요. 정원에서 끈끈이주걱과 같은 식충 식물을 키우며 아이들과 함께 관찰하고, '사고의 길'이라 부르는 샌드워크Sandwalk를 산책하며 만난 지렁이와 친구가 되어 《지렁이의 활동과 분변토의 형성》이라는 책도 냈습니다. 당시에는 사람들이 지렁이를 해충으로 생각해 모두가 지렁이를 연구하는 다윈을 비웃었어요. 하지만

이에 굴하지 않고 40여 년간 지렁이 연구 결과물을 수집해 지렁이가 실은 매우 중요한 종이라는 것을 증명했습니다.

다윈은 5년간의 비글호 항해를 통해 진화론에 대한 잠정적인 이론을 가지고 있었고, 다운 하우스에서 더 많은 증거 자료를 수집하고 실험했습니다. 그리고 그는 1859년 《종의 기원》을 출간하며 진화론을 발표했어요. 신이 인간을 창조했다는 믿음을 부정할 수 없던 시대에 진화론을 발표하려는 다윈의 심정은 어땠을까요? 증거를 수집하는 20여 년 동안 그의 고뇌는 무척 깊었을 것입니다.

 더 깊이 보기

찰스 다윈의 엄청난 지렁이 똥 쇼
폴리 오언 지음 / 북극곰 / ★★

다윈은 사람들의 비웃음에도 포기하지 않고 40여 년 동안 지렁이를 연구했습니다. 한 사람의 끈기가 이루어 낸 놀라운 결과를 확인해 보세요.

찰스 다윈: 진화의 비밀을 풀다
서보현 지음 / 천개의 바람 / ★★

과학자를 꿈꾸는 소년 진우는 어느 날 1800년대의 영국, 찰스 다윈의 연구실에 떨어집니다. 친절한 다윈 아저씨는 진우의 질문에 답해 주고 둘은 신기한 우정을 만들어 갑니다.

찰스 다윈: 종의 기원
2009 / 영국 / 전체 관람 가

찰스 다윈이 진화론에 대한 신념을 《종의 기원》이라는 책으로 출판하기까지의 고뇌와 갈등을 다룬 작품입니다.

영국, 웨어햄
메리 애닝과 화석 발굴

📍 The Toll Hut, Kimmeridge Approach Road, Kimmeridge, Wareham BH20 5PF, UK

키머리지만
Kimmeridge Bay

메리 애닝이 화석을 발굴한 라임 레지스 해변은 자연적으로 드러난 화석을 채집할 수 있는 곳입니다. 하지만 보다 쉽게 화석을 발견하려면 키머리지만을 추천합니다. 이곳은 쥐라기 해안의 일부로, 암모나이트 등 다양한 화석이 발견됩니다. 단, 땅을 파거나 도구를 사용하는 발굴은 제한됩니다.

교과서 어디에?
초등 3학년 과학: 암모나이트
초등 4학년 과학: 지층, 화석 발굴

"She sells seashells on the seashore"(그녀는 바닷가에서 조개껍데기를 판다네)는 발음하기 어려운 문장으로 유명합니다. 영국의 작사가 테리 설리번이 고생물학자인 메리 애닝에게서 영감을 받아 만든 노래라고 전해지고 있어요. 메리 애닝은 어룡(중생대에 물에 살던 파충류) 화석을 최초로 발견한 과학자입니다. 모든 시대를 통틀어 과소평가된 여성 과학자 중 한 명이기도 하지요. 메리 애닝은 어떤 삶을 살았을까요?

1799년 영국에서 태어난 메리 애닝은 '번개 메리 Lightning Mary'라는 별명을 가지고 있습니다. 메리가 15개월 된 아기였을 때 번개가 번쩍이고 무시무시한 천둥소리가 울렸어요. 벼락을 피해 메리와 함께 나무 밑에 숨어 있던 사람들 중 셋은 목숨을 잃었는데 메리는 기적적으로 살아남았습니다. 그리고 그 전에는 조금 둔한 아이였는데 신기하게도 사고가 난 뒤부터 활기차고 총명하게 자랐다는 이야기가 전해지고 있어요.

메리가 열한 살이 되었을 때 아버지가 갑작스레 돌아가시자 메리는 오빠와 함께 돈을 벌기 위해 화석을 발굴하기 시작했습니다. 가난해서 학교에 다닐 여유가 없었던 남매는 범죄 현장에서 증거를 찾듯 험한 여정을 통해 화석을 발굴해서 팔았지요.

1823년 〈브리스톨 미러〉라는 신문에서는 메리에 대해 이렇게 썼습니다.

"절벽에서 옛 세계의 유물인 화석을 품은 돌덩이가 떨어져 나오는 순간 그

키머리지만에서 볼 수 있는 암모나이트 화석.

것을 낚아채야 한다. 아차 하는 순간에 돌덩이는 바다로 빠지거나 바닥에 부딪쳐 깨져 버리고 만다. 그러면 그 속의 화석들도 온전할 수 없다. 메리는 대단한 채집품인 어룡 화석을 거의 완벽하게 발굴하는 솜씨를 지니고 있다."

 메리가 살았던 시대에는 성차별이 만연했습니다. 그러다 보니 일생에 다섯 번이나 세계 최초의 발견을 했지만 남성들이 업적을 모두 가로챘지요. 만약 메리가 화석을 발굴하지 않았다면 지구의 오랜 비밀과 과학 발전의 역사는 크게 달라졌을지도 모릅니다. 메리는 살아 있을 때 제대로 인정받지 못했지만 이제는 그 업적을 인정받고 있습니다.

 한국에서는 문화재청의 허가를 받아야 화석 발굴을 할 수 있지만, 영국에는 누구나 메리 애닝처럼 화석 발굴을 해 볼 수 있는 곳이 있습니다. 암모나이트 화석이 넘쳐나는 영국 쥐라기 해안입니다. 돌멩이를 자세히 들여다보면 반짝반짝 빛나는 암모나이트의 결을 발견할 수 있습니다.

 암모나이트는 중생대에 번성했던 해양 생물로, 다양한 형태가 있지만 대체로 달팽이 모양입니다. 안타깝게도 한국에서는 찾을 수 없는데, 암모나이트가 살았던 시대에는 우리나라가 바다와 멀리 떨어져 있었기 때문입니다. 그러나 영국은 지질 변화로 바다 밑바닥이 올라와 육지가 되었기 때문에 암모나이트 화석이 많이 발견되는 것이지요. 중세 유럽 사람들은 이 화석을 보고 머리가 잘린 뱀이 몸을 둥글게 만 모습이라고 생각했고, 이집트 사람들은 태양신인 '아몬' 머리에 있던 뿔이 돌로 변한 것이라고 믿기도 했습니다. 그래서 '아몬의 뿔'이라는 뜻으로 '암모나이트'라는 이름을 붙였습니다.

 더 깊이 보기

📕 공룡 화석을 발견한 소녀
캐서린 브라이턴 지음 / 미래아이 / ★

열한 살 때 어룡 '이크티오사우루스' 화석을 처음 발견한 메리 애닝의 어린 시절을 다룹니다.

 The Fossil Girl / Catherine Brighton / Frances Lincoln / ★★

📕 이 뼈를 모두 누가 찾았게?
린다 스키어스 지음 / 씨드북 / ★★

최초의 여자 고생물학자인 메리 애닝을 다룬 이야기입니다. 무시무시한 뼈를 보고도 겁을 내지 않고, 바위산과 절벽을 오르며 고대 생물을 연구하는 고생물학이라는 분야를 개척했습니다.

 Dinosaur Lady / Linda Skeers / Sourcebooks / ★★

📕 집요한 과학씨 빙글빙글 화석 속으로 들어가다
미와 가즈오 지음 / 웅진주니어 / ★★

암모나이트 발굴 과정과 의미에 대해 알려 주는 책입니다. 화석에 대한 호기심을 자극하며, 화석이 지구의 진화에 대한 중요한 증거임을 강조합니다.

영국, 런던
독일군 암호를 해독한 앨런 튜링

📍 Exhibition Rd, South Kensington, London SW7 2DD, UK

런던 과학 박물관
Science Museum

1857년에 설립된 런던 과학 박물관은 빅토리아 앤 앨버트 박물관의 한쪽 구석에 자리하다가 규모가 점점 커져 오늘날의 위치로 이전했습니다. 과학, 기술, 의학 등의 발달사를 보여 주는 약 30만 점의 소장품을 전시하고 있습니다.

(교과서 어디에?) 초등 5~6학년 더불어 사는 민주 시민: 차이와 차별

런던 과학 박물관에서 놓치지 말아야 할 인물 중 하나는 1400만 명이 넘는 목숨을 구한 수학자이자 컴퓨터와 인공지능의 창시자 앨런 튜링입니다. 앨런 튜링은 1912년 영국 런던에서 태어났는데, 부모가 영국의 식민지였던 인도에서 공무원으로 일했기 때문에 튜링과 그의 형을 영국의 지인 집에 맡겼습니다. 부모와 떨어져 살며 따뜻한 보살핌을 받지 못한 튜링은 다른 사람과 잘 어울리지 못했습니다. 마음속 외로움은 지식으로 채웠고, 외골수적 성향은 커졌지요.

대화가 잘 통하는 유일한 친구 크리스토퍼 모컴이 결핵으로 죽자 친구와의 추억을 잃고 싶지 않았던 앨런 튜링은 크리스토퍼의 기억을 기계에 담고 싶다고 생각했습니다. 그리고 인공지능이라는 '생각하는 기계'를 처음으로 만드는 데 성공했습니다. 하지만 당시 사람들은 기계가 지능을 가질 수 있다는 사실을 선뜻 받아들이지 않았지요.

세계 최초의 컴퓨터를 1946년 미국 펜실베이니아 대학에서 만든 '에니악ENIAC'으로 알고 있는 사람이 많습니다. 하지만 앨런 튜링은 1939년 제2차 세계 대전 때 이미 현대 컴퓨터의 원형이라 할 수 있는 기계를 개발했고, 당시 독일군이 사용하던 암호 '에니그마' 해독에 성공했습니다. 이는 세계 대전을 2년이나 단축시켜 많은 사람의 목숨을 구했고 연합군 승리에 결정적인 영향을 끼쳤습니다. 그런데 영국 정부는 이것을 철저히

숨겼습니다. 암호 해독은 비밀 프로젝트였기 때문에 재주는 앨런 튜링이 부렸지만 칭찬은 당시 영국 총리였던 윈스턴 처칠이 가져간 꼴이었지요.

게다가 그가 어렵게 구한 국가는 동성애자라는 이유로 그에게 사회적 폭력을 가했습니다. 튜링은 동성애 혐의로 감옥에 가거나 여성 호르몬을 투여하는 치료를 받는 것 중 하나를 선택해야 했어요. 튜링은 연구를 계

속하기 위해 호르몬 치료를 선택했고, 그 결과 신체가 여성화되기 시작했습니다. 그럼에도 용감하게 지내며 동성애자 인권 운동이 일어났던 노르웨이 여행도 다녀왔습니다. 그러나 전쟁 스파이라는 누명까지 쓰며 모든 기밀 업무에서 배제되고 출국마저 금지되었고, 결국 1954년에 마흔한 살이라는 젊은 나이에 독이 든 사과를 베어 물어 스스로 목숨을 끊었습니다. 그 후로도 그는 계속 억울하게 죄인 취급을 받다 2013년에 무죄 판결을 받았고, 2021년에는 영국 화폐 50파운드의 주인공이 되었습니다.

한편 애플의 로고가 한 입 베어 먹은 사과 모양에 동성애자를 상징하는 무지개색인 것을 보고 사람들이 스티브 잡스에게 앨런 튜링을 생각하며 만든 것이냐고 물은 적이 있습니다. 그러자 잡스는 "사실은 아니지만 그랬으면 좋겠다"라고 대답했습니다. 스티브 잡스는 앨런 튜링을 존경한다고도 알려져 있지요.

 더 깊이 보기

Who? 앨런 튜링
오기수 지음 / 다산어린이 / ★★★
초등학생이 꼭 알아야 할 과학 인물 만화 시리즈. 암호 해독으로 제2차 세계 대전 종식을 앞당긴 사람, 인공 지능과 컴퓨터 이론의 창시자 앨런 튜링의 이야기를 다룹니다.

Alan Turing
Isabel Sanchez Vegara / Frances Lincoln / ★★
리틀피플 빅드림즈는 베스트셀러 위인전 시리즈입니다. 앨런 튜링에 관한 영어책을 처음 고른다면 이 책입니다.

영국, 알톤
영국 10파운드 지폐의 주인공

📍 Winchester Rd, Chawton, Alton GU34 1SD, UK

제인 오스틴 하우스
Jane Austen's House

영국 작가 제인 오스틴이 생애의 마지막 8년을 살았던 집입니다. 이곳에서 《이성과 감성》, 《오만과 편견》, 《맨스필드 파크》, 《엠마》 등을 썼습니다. 제인 오스틴이 글을 쓰던 방과 피아노 연습을 하던 응접실 등의 모습을 당시 그대로 볼 수 있습니다.

교과서 어디에?
- **고등학교 문학:** 영미문학, 제인 오스틴, 이성과 감성
- **초등 3~4학년 더불어 사는 민주 시민:** 성 평등, 고정관념 깨기
- **초등 5~6학년 더불어 사는 민주 시민:** 양성평등, 성평등 교육

제인 오스틴은 영국에서 '지난 1000년 최고의 문학가'로 셰익스피어에 이어 2위에 선정된 적이 있습니다. 영국중앙은행 카니 총재는 제인 오스틴을 영국 화폐 10파운드의 주인공으로 선정하며 이렇게 말했습니다.
　"제인 오스틴의 소설은 시대를 거슬러 보편적인 호소력을 지니고 있다."
　10파운드 속 제인 오스틴의 초상화는 제인 오스틴의 언니인 카산드라가 연필로 그린 것을 조카가 수채화로 재현한 것이라고 합니다. 카산드라의 그림은 현재 런던 국립 초상화 박물관에서 볼 수 있습니다.
　제인 오스틴은 1775년 영국 햄프셔 스티븐턴에서 태어났습니다. 6명의 오빠와 1명의 언니가 있었고, 유일한 언니인 카산드라와 매우 친했지요. 오스틴 가족은 형편이 넉넉지 않았지만 책을 읽거나 연극 공연하는 것을 즐겼습니다. 이런 환경이 제인이 작가로 성장하는 데 밑거름이 되었을 것입니다. 그러나 제인이 스물아홉 살 때 아버지가 갑자기 세상을 떠나면서 가족들은 더욱 힘든 시절을 보냈습니다. 제인은 글을 쓸 공간이나 여유가 없었고, 여성에게 선거권조차 주어지지 않았던 당시 영국에서는 여성이 공부해서 사회적 꿈을 이루거나 주체적인 삶을 사는 것도 불가능했습니다.
　그렇게 8년을 보낸 뒤 제인의 오빠가 부유한 친척으로부터 물려받은

영국 10파운드 지폐.

집을 어머니와 두 자매에게 주었는데, 그곳이 지금의 '제인 오스틴 하우스'입니다. 제인은 회고록에 그동안 낯선 땅의 나그네로 살다 이제야 진정한 집을 찾았다고 썼습니다. 이곳에서 제인은 《이성과 감성》, 《오만과 편견》, 《엠마》, 《설득》 등의 소설을 완성했습니다.

제인 오스틴 하우스에는 경매로 낙찰되어 미국으로 갈 뻔했다가 다시 돌아온 반지가 있습니다. 2012년에 제인 오스틴의 후손들은 1.5캐럿의 자연 터키석으로 장식된 반지를 짧은 편지와 함께 경매에 출품했습니다. 편지는 제인의 올케(오빠의 아내)가 자신의 딸에게 쓴 것으로, "반지는 한때 너의 고모 제인의 것이었단다. 약혼 시절 고모로부터 받은 것인데 너에게 물려준다"라고 적혀 있었습니다.

미국의 팝 가수 켈리 클락슨이 15만 2450파운드에 이 반지를 낙찰 받아 미국으로 가져가려 하자 영국 정부가 반지를 '국보급 유물'로 지정하며 일시적 반출 금지 조치를 내렸습니다. "제인 오스틴과 관련된 물건은 모두 귀하다. 영국인 구매자가 나타나 이 반지를 보존하기를 고대한다"

고 하며 모금 활동을 시작했습니다. 다행히 익명의 기부자가 10만 파운드(약 1억 7000만 원)을 기부해 반출 마감일을 지킬 수 있었고, 제인 오스틴 하우스를 방문하는 사람들이 언제든 반지를 볼 수 있게 되었습니다.

더 깊이 보기

제인 오스틴: 평범한 세상을 남다르게 담아냈어요
데보라 홉킨슨 지음 / 씨드북 / ★★

제인 오스틴은 단 6편의 소설로 200년 이상 전 세계 독자를 매료시켰습니다. 제인이 어떻게 여러 세대에 걸쳐 공감받는 소설을 쓸 수 있었는지 알고 싶다면 읽어 보세요.

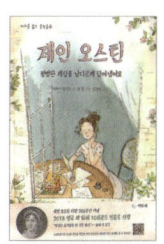

 Ordinary, Extraordinary Jane Austen / Deborah Hopkinson / Balzer + Bray / ★★

Jane Austen
Isabel Sanchez Vegara / Frances Lincoln / ★★

리틀피플 빅드림즈 책 시리즈. 그리 어렵지 않은 어휘로 이야기가 구성되어 있습니다.

비커밍 제인
2007년 / 영국·미국·아일랜드 / 12세 관람 가

앤 해서웨이가 제인 오스틴 역을 맡은 이 영화는 제인 오스틴의 실제 사랑 이야기를 바탕으로 만들었습니다.

영국, 케임브리지
장애가 장애가 되지 않는 나라

📍 Quayside Punting Station, Magdalene St, Cambridge CB5 8AB, UK

케임브리지 펀팅
Scudamore's Quayside Punting Station

영국 캠강을 건너기 위해 바닥이 평평한 보트인 펀트punt를 타고 기다란 막대로 강의 바닥을 밀며 움직이는 것을 펀팅punting이라고 합니다. 캠강에 있는 펀팅 스테이션에 가면 케임브리지 대학교 학생들이 직접 펀팅하는 보트를 타고 대학교 건물에 대한 이야기를 듣는 체험을 할 수 있습니다.

교과서 어디에?
초등 6학년 미술: 서로 다른 생각
초등 6학년 과학: 과학자처럼 탐구하기

영국에서 지성의 상징이자 학문의 원천으로 여기는 두 학교가 있습니다. 케임브리지 대학교와 옥스퍼드 대학교로, 둘을 합쳐서 옥스브리지라고도 부릅니다. 케임브리지라는 지명은 캠Cam강 주변에 다리bridge를 세우면서 생긴 것이고, 옥스퍼드는 황소ox가 노니는 여울ford이라는 뜻입니다.

옥스퍼드 대학교는 영국 최초의 대학으로 1000년이 넘는 역사를 자랑합니다. 1209년에 옥스퍼드에서 공부하던 한 성직자가 실수로 여성을 살해한 후 도망쳤는데, 도망자 대신 사건과는 무관한 3명의 성직자가 교수형을 받았습니다. 이 사건으로 많은 교수, 성직자, 학생들이 옥스퍼드를 떠나 새로 세운 학교가 케임브리지 대학교입니다.

일반적으로 옥스퍼드는 인문학 분야에서, 케임브리지는 자연 과학 분야에서 우수하다는 평가를 받습니다. 옥스퍼드에서는 주로 정치인이, 케임브리지에서는 과학자가 많이 배출되었기 때문인데, 두 곳 모두 우열을 가리기 힘들 정도로 유명한 졸업생이 많습니다. 이들의 라이벌 관계는 조정 경기에서도 치열하게 이어집니다. 매년 봄에 템스강에서 열리는 경기에서 이긴 팀은 주장인 키잡이를 강에 빠뜨리며 승리를 축하하는 전통이 있습니다. 과학자 스티븐 호킹도 많은 관심을 받은 키잡이 중 하나였습니다.

스티븐 호킹은 옥스퍼드 대학교를 다녔고, 케임브리지 대학원에서 박

옥스퍼드 대학교의 래드클리프 도서관.

사 학위를 받았습니다. 그의 부모는 모두 옥스퍼드 출신이었고요. 스티븐이 어릴 때는 저녁 식사 시간에도 숟가락이나 포크가 접시에 닿는 소리만 들릴 정도로 가족 모두 조용히 책을 읽었습니다. 가족이 타고 다니던 차는 오래된 런던 택시였고, 가족 캠핑을 즐겼습니다. 집 지하실에는 꿀벌을 기르고, 온실에서는 폭죽을 만들어 불꽃놀이를 즐기곤 했지요. 스티븐은 정원에 누워 밤하늘을 바라보며 별과 우주에 대한 호기심을 자신만의 지식으로 채웠습니다.

조정 경기의 주장을 할 정도로 건강했던 스티븐은 스물한 살의 나이에 루게릭병에 걸렸습니다. 2년밖에 살지 못한다는 시한부 선고까지 받았지요. 그러나 스티븐은 연구를 계속해 나가며, 걷기는 물론 글씨 쓰기나 말하기도 어려워지자 얼굴의 움직임으로 말을 전달하는 음성 합성기를 사용해 의사소통을 했습니다. 자유롭지 못한 몸이었지만 블랙홀을 연구하고 우주 탄생에 대한 책을 쓰며 세상을 놀라게 했지요.

"내 인생의 가장 큰 업적은 살아 있다는 것이다."

"당신에게 장애가 있더라도 잘할 수 있는 것에 집중해라."

"아무리 어려운 인생이라도 당신이 할 수 있고, 성공할 수 있는 것은 언제나 존재한다."

스티븐 호킹은 병에 걸린 뒤에도 2년이 아니라 50년을 더 살면서 활발하게 연구 활동을 하며 이런 말들을 남겼습니다. 우리나라에는 아직 장애인에 대한 편견을 가진 사람이 많습니다. 장애를 가진 사람들이 여전히 길에서 상처받는 경험이 많다고 합니다. 장애와 상관없이 누구나 스티븐 호킹처럼 자신의 꿈을 이룰 수 있는 나라가 진정한 선진국이 아닐까요?

더 깊이 보기

스티븐 호킹
이사벨 산체스 베가라 지음 / 달리 / ★

스티븐 호킹의 인생을 따뜻한 그림과 함께 간결하게 담아낸 책입니다.

Stephen Hawking / Isabel Sanchez Vegara / Frances Lincoln / ★★★

스티븐 호킹의 우주 과학 동화 세트
스티븐 호킹, 루시 호킹 지음 / 주니어RHK / ★★★

스티븐 호킹이 살아 있는 동안 유일하게 출간한 어린이용 우주 과학 동화입니다. 스티븐 호킹이 과학 이론을 설명하고, 소설가인 딸 루시 호킹이 흥미진진하면서도 스릴 넘치는 이야기를 썼습니다. 6권이라 부담스럽다면 《조지의 우주를 여는 비밀 열쇠》라도 읽어 보길 추천해요.

George's Secret Key / Stephen Hawking and Lucy Hawking / Corgi Books / ★★★

사랑에 대한 모든 것
2014년 / 영국 / 12세 관람 가

스티븐 호킹의 부인, 제인 와일드 호킹이 쓴 《무한으로의 여행: 스티븐과 나의 삶》이 원작인 영화입니다. 스티븐 호킹의 실화를 바탕으로 그의 과학적 성장과 삶 속의 일상적인 어려움을 다룹니다.

영국, 런던
해가 지지 않는 나라의 여왕

📍 Cromwell Rd, London SW7 2RL, UK

빅토리아 앨버트 박물관
Victoria and Albert Museum, V&A

1852년에 문을 연 세계 최대의 장식 예술 박물관입니다. 박물관의 이름은 빅토리아 여왕과 그녀의 남편 앨버트 공의 이름에서 따왔습니다. 전 세계의 시대와 양식을 총망라한 미술 공예품을 수집하죠. 세계 최초의 뮤지엄 카페인 V&A 카페에서는 빅토리아 시대의 웅장함을 느낄 수 있습니다.

(교과서 어디에?) **중학교 역사 ①**: 런던 만국 박람회, 수정궁, 빅토리아 여왕

영국은 빅토리아 여왕이 통치하던 64년 동안 '해가 지지 않는 나라'로 불리며 최고의 전성기를 경험했습니다. 빅토리아 앨버트 박물관은 영국이 세계사에서 가장 빛났던 순간을 추억할 수 있는 장소이기도 합니다. 빅토리아 여왕은 흰색 웨딩드레스, 검은색 상복, 크리스마스트리 등 다양한 문화를 만들어 냈습니다. 이런 전통은 오늘날까지도 영향력을 유지하며 우리나라 문화에도 깊은 흔적을 남기고 있지요.

빅토리아 여왕은 1837년 열여덟 살의 나이로 왕위에 오르고 3년 뒤 독일계 왕족인 앨버트와 결혼했습니다. 빅토리아 여왕은 결혼식에서 흰색 드레스를 선택해 입었고, 12명의 신부 들러리까지 흰색 드레스를 입게 했습니다. 이러한 모습은 오늘날 우리가 흔히 볼 수 있는 결혼식 풍경의 첫걸음으로 평가받고 있습니다.

영국은 11월부터 크리스마스 장식 준비로 분주해집니다. "Christmas for children"이라는 문구가 도시를 환하게 밝히며 크리스마스 분위기를 조성하지요. 이런 풍경은 언제부터 생겼을까요? 크리스마스트리는 독일 이민자들을 통해 미국에 소개되었지만 미국 사람들은 이를 이상한 취향이라고 생각하며 거부감을 드러냈습니다. 그러나 이를 전 세계적인 풍습으로 만든 인물이 빅토리아 여왕과 앨버트 대공입니다. 빅토리아 여왕은 앨버트 대공이 장식한 크리스마스트리 아래에서 궁전 하인들에게 선물

빅토리아 여왕.

을 나눠 주었고, 이 모습은 삽화로 영국 전역에 퍼지며 영감을 주었습니다. 1843년에 발표한 찰스 디킨스의 소설 《크리스마스 캐럴》 역시 이러한 분위기를 뒷받침했습니다. 구두쇠였던 스크루지가 유령을 만난 후 사람들과 나누는 삶을 살게 되는 내용이지요. "메리 크리스마스"라는 인사는 이 소설에서 탄생했습니다.

앨버트 대공은 1851년에 런던에서 만국 박람회를 열었습니다. 만국 박람회 행사장인 수정궁에서는 세계 최고 품질을 자랑하는 영국의 제품을 선보여 큰 성공을 거두었죠. 그는 이 수익으로 세계에서 가장 큰 콘서트홀을 건설하기 시작했는데, 갑작스레 병에 걸려 마흔두 살의 젊은 나이로 세상을 떠나고 말았습니다. 빅토리아 여왕은 그 이후로 40여 년 동안 검은 드레스를 입고 지냈고, 이는 오늘날의 장례식 복장으로 자리 잡게 되었습니다. 중단되었던 콘서트홀 공사는 1871년에 재개되어 완성되었고, 앨버트의 이름을 따 '로열 앨버트 홀'이라 부릅니다. 건물 맞은편에는 빅토리아 여왕이 남편을 추모하며 앨버트 동상을 세웠습니다.

더 깊이 보기

위엄가득 빅토리아 여왕
앨런 맥도널드 지음 | 주니어김영사 | ★★★

빅토리아 여왕의 비밀 일기와 빅토리아 타임스를 토대로 한 여왕의 생애 이야기. 전 세계 4분의 1을 다스린 빅토리아 여왕에 대한 궁금증을 해소해 줍니다.

Queen Victoria and Her Amusements / Alan MacDonald / Scholastic / ★★★

빅토리아 여왕의 속바지
재키 프렌치 지음 | 예꿈 | ★

자신의 어머니가 위대한 영국 여왕의 속바지를 만들었다는 이야기로 시작합니다. 당시 분위기를 잘 담아내는 할머니의 대사와 아이들의 상상력이 흥미로운 책입니다.

Queen Victoria's Underpants / Jackie French / HarperCollins / ★★

Queen Victoria's Bathing Machine
Gloria Whelan / Simon & Schuster / ★★★

해수욕이 아내의 건강에 좋다고 믿은 앨버트 대공은 여왕의 품위를 유지하면서 해수욕을 즐길 수 있도록 이동식 탈의 시설 bathing machine을 제작했습니다. 이는 영국 왕실 역사를 기반으로 한 실제 이야기로, 와이트섬 오스번 하우스에 현재까지 보존되어 있습니다.

영국, 앰블사이드
피터 래빗의 숲속 마을

 Near Sawrey, Ambleside LA22 0LF, UK

힐탑
National Trust - Hill Top

런던에서 태어난 베아트릭스 포터는 어린 시절에 이곳 힐탑에서 가족과 함께 여름휴가를 보내며 풍경에 매료되었습니다. 이후 포터는 이곳에 살며 정원을 가꾸고 주변 환경을 보존했습니다.

교과서 어디에? 초등 3~4학년 진로와 직업: 환경 운동가, 플로깅

레이크 디스트릭트Lake District는 이름에서도 알 수 있듯이 호수가 많은 영국 최대 규모의 국립공원 중 하나입니다. 2017년에 유네스코 세계 문화유산으로 지정된 이곳은 영국 왕실의 휴가지로도 유명하지요. 높은 산봉우리와 빙하로 이루어진 호수들은 땅과 하늘을 연결하는데, 특히 남북으로 길게 뻗은 '윈더미어'가 이 지역에서 가장 큰 호수입니다. 이곳을 유명하게 만든 일등공신은 낭만주의 시인 윌리엄 워즈워스와 《피터 래빗 이야기》의 작가 베아트릭스 포터입니다.

 레이크 디스트릭트에는 베아트릭스 포터의 집으로 알려진 힐탑이 있습니다. 집 앞에는 작은 정원과 텃밭이 있고, 내부에는 포터가 사용한 물건들이 전시되어 있지요. 포터는 100년이 넘도록 세계에서 가장 인기 있는 영국 문학계의 상징이자 대표적인 아동 문학 작가 그리고 환경 운동가로 활약했습니다.

 포터는 부유한 집안의 외동딸로 태어나 가정교사에게 교육을 받았고, 또래 친구들을 만날 수 없어 외로운 어린 시절을 보냈습니다. 어릴 때부터 동물을 사랑해 직접 기르면서 풍부한 상상력으로 다양한 이야기와 일러스트를 만들었지요. 《피터 래빗 이야기》는 포터가 가정교사의 아픈 아들을 위로하기 위해 그린 그림 편지로부터 시작되었는데, 이를 책으로 출판하려 했지만 여러 출판사에서 거절했습니다. 1902년, 서른여섯 살이

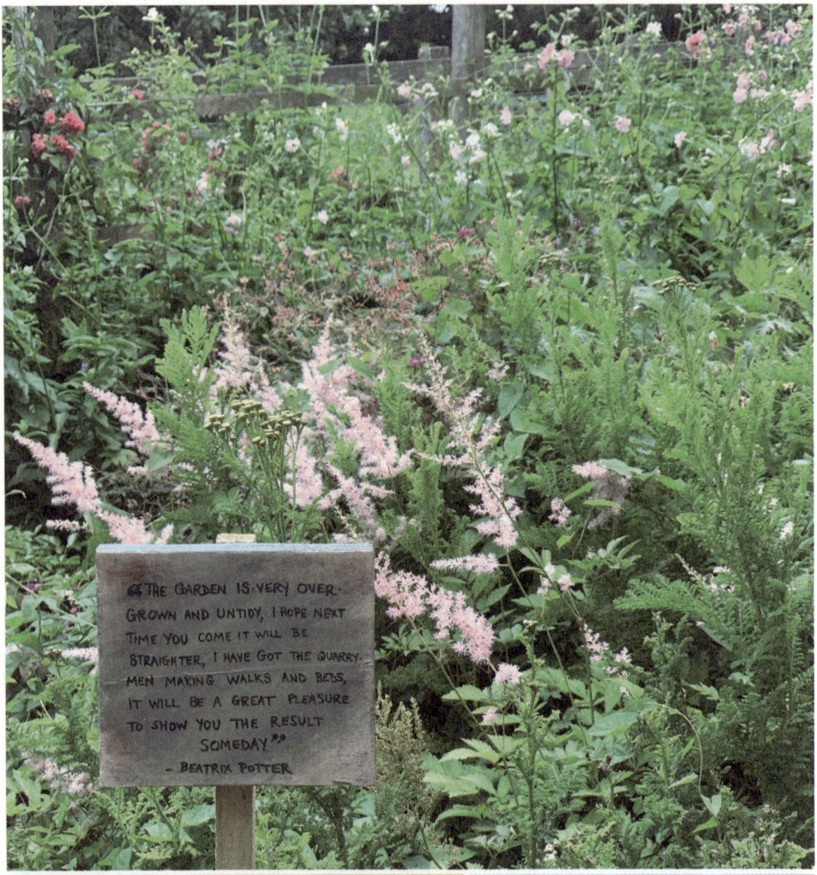
"THE GARDEN IS VERY OVER-
GROWN AND UNTIDY, I HOPE NEXT
TIME YOU COME IT WILL BE
STRAIGHTER, I HAVE GOT THE QUARRY-
MEN MAKING WALKS AND BEDS,
IT WILL BE A GREAT PLEASURE
TO SHOW YOU THE RESULT
SOMEDAY."
- BEATRIX POTTER

National Trust
HAWKSHEAD
NEAR SAWREY

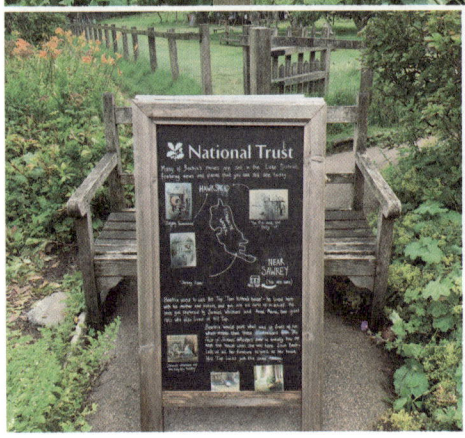

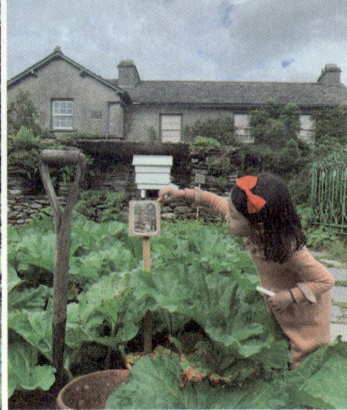

된 포터는 프레드릭 워렌 출판사를 통해 드디어 책을 출판할 기회를 얻었습니다. 이때 편집을 맡은 이는 신입 편집자였던 노먼 워렌이었습니다. 그렇게 포터의 작품이 세상에 알려지고 많은 사랑을 받게 되었습니다.

노먼 워렌과 포터는 새로운 책을 기획하며 작가와 편집자 이상의 감정이 생겼고, 워렌이 포터에게 청혼하기에 이르렀습니다. 하지만 포터의 집안에서 워렌과의 결혼을 반대하며, 여름휴가 기간 동안 떨어져 지내면서 생각해 봐도 마음이 확고하다면 허락하겠다고 했죠. 그런데 안타깝게도 그 사이에 워렌이 갑작스런 병으로 세상을 떠나고 말았습니다. 사랑의 아픔과 절망 속에 있던 포터를 다시 일으켜 세운 것은 레이크 디스트릭트의 아름다운 자연이었습니다. 그 후 런던에서 이곳으로 거주지를 옮겨 집을 가꾸고 작품에 전념했지요.

베아트릭스 포터의 일대기를 담은 영화 〈미스 포터〉를 보면 포터가 레이크 디스트릭트를 어떻게 보존했는지를 알 수 있습니다.

"제가 살게요. 저한테 파세요."

사람들은 이전 주인이 샀던 금액보다 두 배나 더 주면서 땅을 사는 포터에게 손가락질을 했습니다. 그러나 포터가 비웃음을 받을수록 개발을 눈앞에 둔 위기의 숲은 살아났고 넓어졌지요. 포터가 평생 사 모은 땅은 농장 20곳, 농가 15채 등 약 500만 평이나 되었습니다.

"숲에는 신비롭고 선한 존재들이 살아요. 나의 친구들이 살아가는 이 땅을 자연 그대로 보존해 주세요."

포터는 평생 푸른 자연을 사랑하며 숲과 농장, 호수를 돌보는 데 시간을 쏟고, 자신의 숲에 사는 동물들의 이야기를 그림으로 표현했습니다.

그림 속 동물들은 가끔은 장난을 치며 말썽을 피우지만 자연을 있는 그대로 누리며 동물들만의 사회를 이루고 있지요. 포터는 개발하지 않겠다는 조건을 걸고 농장과 땅을 모두 내셔널 트러스트라는 환경 단체에 기부했습니다. 덕분에 오늘도 자연 그대로 보존된 숲은 많은 사람의 안식처가 되어 주고 있습니다.

더 깊이 보기

📕 피터 래빗 이야기
베아트릭스 포터 지음 / 프뢰벨행복나누기 / ★★

100년 이상 전 세계 어린이들에게 사랑받은 베아트릭스 포터 그림책 시리즈 중 하나입니다. 섬세한 배경과 생생한 동물 캐릭터, 흥미진진한 이야기로 구성되어 있습니다.

 The Tale of Peter Rabbit / Beatrix Potter / Frederick Warne / ★★

📕 피터 래빗과 친구들
알마 아다 지음 / 베틀북 / ★★

〈피터 래빗〉, 〈아기돼지 삼형제〉, 〈빨간 망토와 늑대〉, 〈금발머리 소녀와 곰 세 마리〉 등 4편의 이야기를 교차시켜 새로운 뒷이야기를 창조한 책입니다.

 Dear Peter Rabbit / Alma Flor Ada / Atheneum / ★★

🎥 미스 포터
2007년 / 영국·미국 / 전체 관람 가

피터 래빗 시리즈를 만든 베아트릭스 포터의 삶에 관한 영화입니다. 〈피터 래빗〉을 책으로 출판하기 위해 편집자를 만나는 이야기부터 숲을 사들여 나중에 전부 기부하는 내용까지 볼 수 있습니다.

스웨덴, 스톡홀름·노르웨이, 오슬로
노벨상의 의미

📍 스톡홀름 시청: Hantverkargatan 1, 111 52 Stockholm, Sweden
오슬로 시청: Rådhusplassen 1, 0037 Oslo, Norway

스톡홀름 시청
Stockholms stadshus

오슬로 시청
Oslo City Hall

스톡홀름 시청사는 노벨 문학상을 비롯한 대부분의 노벨상 시상식이 열리는 장소입니다. 5월부터 9월까지 개방하는 타워에서는 스톡홀름 전경을 한눈에 볼 수 있지요. 우리나라의 한강 작가도 이곳에서 노벨 문학상을 수상했습니다. 오슬로 시청사에서는 김대중 대통령이 노벨 평화상을 받았고요. 외관의 엄숙함과 달리 내부는 뭉크 등 예술가들의 작품으로 가득하며 입장료는 없습니다.

교과서 어디에? 초등 6학년 도덕: 노벨, 노벨상, 다이너마이트 노벨상은 단순한 명예의 상이 아닙니다. 그 배경에는 알프레드 노벨이라는 한 사람의 깊은 고민과 철학이 깃들어 있어요. 1888년, 프랑스의 한 신문은 "악마의 장사꾼, 알프레드 노벨 사망!"이라는 충격적인 제목으로 기사를 실었습니다. 노벨의 형이 사망했는데 잘못 보도한 것이었지요. 하지만 노벨에게는 이 기사가 자신이 남긴 유산이 세상에 어떻게 기억될지 다시 생각해 보는 계기가 되었습니다. 노벨은 사람들의 삶을 편리하게 만들기 위해 발명한 다이너마이트가 전쟁의 도구로 변질되어 수많은 목숨을 앗아가자 죄책감을 느끼며 괴로워했습니다.

　노벨은 인류를 위해 진정으로 의미 있는 유산을 남기겠다고 결심했습니다. 자신의 재산을 기부해 인류의 평화와 발전에 기여한 이들에게 상을 주라는 유언장을 남겼지요. 그 유산은 지금까지도 '노벨상'이라는 이름으로 이어져 세상의 가장 빛나는 이들을 기리고 있습니다. 문학, 물리학, 화학, 생리의학, 경제학, 평화. 이렇게 여섯 분야에서 인류에 큰 공헌을 한 사람들에게 매년 12월 10일, 그가 세상을 떠난 날 시상을 합니다.

　그렇다면 노벨이 유산을 얼마나 남겼기에 100여 년이 지난 지금까지 노벨상이 이어질 수 있었을까요? 1896년 노벨이 세상을 떠날 당시, 그는 9개 국가에 걸쳐 93개의 공장을 소유하고 있었습니다. 약 3300만 크로나의 유산을 남겼고, 그중 2800만 크로나를 노벨상 재단에 기부했지요. 현

오슬로 시청 내부.

재 가치로 2000억 원 정도입니다. 재단은 이 자산을 운용해 6500억 원으로 불렸고, 상금은 여기서 발생하는 이자로 지급하고 있습니다.

노벨의 이름은 부와 명예로 남았지만 그의 인생은 가난과 성공, 고통과 재도전의 연속이었습니다. 어린 시절에는 아버지의 사업 실패로 가족 모두 겨울 거리에서 물건을 팔며 생계를 이어 나갔지만, 아버지가 러시아에서 무기를 발명하며 성공을 거두면서 유럽 최고의 부자로 다시 일어섰습니다. 성공 뒤에는 깊은 상처도 있었습니다. 노벨이 발명한 다이너마이트가 전쟁에서 무기로 사용되었고, 발명 과정에서 막냇동생 에빌을 잃는 비극도 겪었습니다. 노벨은 더 안전한 폭약을 개발하기 위해 연구를 멈추지 않았습니다. 그 결과 350개가 넘는 특허를 획득하며 인류에 큰 유산을 남겼지요.

노르웨이 오슬로 시청은 건물의 색깔 때문에 '브라운 치즈'라고도 합니다. 영화 〈겨울왕국〉의 모티프가 된 아케르후스 요새 앞에 있어요. 노르웨이계 부모에게서 태어난 작가 로알드 달의 작품에는 브라운 치즈가 자주 등장하고, 2023년 노벨 문학상을 받은 욘 포세의 《아침 그리고 저녁》에는 "오늘도 브라운 치즈를 곁들인 빵 한 조각을"이라는 문장이 나옵니다. 투박한 건물도 노르웨이의 역사와 문화를 품고 있는 듯하지요.

노벨은 스웨덴 사람인데 왜 평화상 시상식은 노르웨이에서 열릴까요? 한때 두 나라가 연합 왕국이었기 때문인데, 노벨은 평화상 시상 권한을 노르웨이 국회에 맡기며 양국의 평화를 바란 것 같습니다. 마지막까지 노르웨이, 스웨덴의 평화를 생각한 세심한 배려와는 달리 다이너마이트는 전쟁의 도구가 되었지요. 지금도 이어지는 전쟁을 무덤 속에서 보고 있다면, 노벨은 무슨 말을 할까요?

더 깊이 보기

🔖 **노벨도 깜짝 놀란 노벨상**
윤신영 지음 / 뭉치 / ★★
100년이 넘는 노벨상 역사를 다룬 책입니다. 객관적인 사실을 넘어 실제 수상한 과학자들과 수상 배경에 대한 에피소드를 재미있게 다룹니다.

🔖 **노벨의 과학 교실**
이향안 지음 / 시공주니어 / ★★★
수상한 인문학 교실 시리즈. 노벨상의 창시자 노벨과 함께 과학 발전의 올바른 방향에 대해 생각해 보는 이야기입니다.

네덜란드, 암스테르담

조용한 창문 너머, 안네의 이야기

📍 Westermarkt 20, 1016 GV Amsterdam, Netherlands

안네 프랑크의 집
Anne Frank Huis

네덜란드 암스테르담에 있는 안네 프랑크의 집은 제2차 세계 대전 당시 유대인 소녀 안네 프랑크 가족이 숨어 지냈던 곳입니다. 안네는 이곳에서 세계적으로 유명한 《안네의 일기》를 썼어요. 전쟁의 아픔이 느껴지는 곳으로, 지금은 박물관으로 운영하고 있습니다.

(교과서 어디에?) 중학교 역사 ①: 문학으로 보는 인권 유린, 제2차 세계 대전

암스테르담 중심을 조금 벗어난 골목길에 조용히 자리한 건물이 하나 있습니다. 겉으로 보면 평범한 집 같지만, 그 벽 너머에는 간절한 숨결이 깃들어 있습니다. 이곳은 바로 어린 소녀 안네 프랑크가 전쟁의 공포를 피해 가족과 숨어 지낸 '비밀 별채'입니다.

　1942년, 안네의 가족은 나치의 탄압을 피해 아버지 오토 프랑크의 회사 건물 뒤편에 마련한 비밀 공간으로 들어갔습니다. 종일 발소리를 죽이고, 커튼을 드리운 채 보내야 했지요. 문 너머로 들려오는 발자국 소리에도 모두 숨을 죽여야 했습니다.

　긴장감 속에서 사는 동안에도 안네는 매일 일기를 썼습니다. 일기는 그녀가 마음을 붙잡을 수 있는 유일한 친구이자 희망을 키우는 조용한 창이었습니다. "너에게는 내 마음속 비밀을 다 털어놓을 수 있을 것 같아. 부디 내 마음의 버팀목이 되어 줘." 안네는 두려움을 견디며, 언젠가 작가가 되고 싶다는 꿈을 조심스럽게 적어 나갔습니다.

　창밖으로는 멀리 마로니에 나무와 흘러가는 구름만 보였지만, 안네의 마음은 좁은 창을 넘어 세상을 향하고 있었습니다. 하지만 결국 은신처는 발각되었고, 안네의 가족은 강제 수용소로 보내졌습니다. 수천 명이 하나의 화장실을 함께 써야 할 만큼 열악한 곳, 어린아이들조차 머리를 박박 깎여야 하는 무서운 곳이었지요.

　힘겨운 생활을 이어 가다 언니 마르고가 먼저 세상을 떠났고, 마르고의 죽음은 안네에게 깊은 충격을 안겼습니다. 마르고의 시신이 실려 나가던 날, 안네는 중얼거렸다고 합니다. "아빠도 엄마도 이미 돌아가셨을 거야. 이제 집으로 돌아갈 이유도 없어."

　가족이 살아 있을 거라는 희망은 안네가 버틸 수 있게 해 주는 힘이었는데, 마지막 희망마저 잃은 것입니다. 만약 작은 희망이라도 계속 품을 수 있었다면, 안네는 조금 더 오래 꿈을 꿀 수 있었을지도 모르겠습니다.

　지금 '안네 프랑크 하우스'는 그때의 집을 복원해 박물관으로 운영하고 있습니다. 은신처로 향하는 책장, 좁은 계단, 창문 옆에 놓인 책상까지 그대로 남아 있어, 방문객들은 한 줄로 조용히 걸으며 안네가 남긴 시간을 따라갑니다.

　안네가 바라보던 작은 창 앞에 서 있으면 문득 상상이 됩니다. 안네는 이 창으로 어떤 꿈을 그렸을까요? 저 마로니에 나무는 긴 시간 동안 안네를 지켜보며 무슨 생각을 했을까요?

　수많은 사람이 전쟁 속에서 글을 남겼지만, 왜 열세 살 소녀 안네의 일기는 지금까지도 세계 곳곳 사람들의 마음을 움직이고 있을까요? 창문 앞에 서 있으면 지금 내 곁에 있는 모든 것에 감사하는 마음이 저절로 피어오릅니다.

더 깊이 보기

나무들도 웁니다
이렌 코엔-장카 지음 / 여유당 / ★★★

《안네의 일기》에 등장한 은신처 뒤뜰 마로니에 나무가 주인공인 그림책이에요. 자연의 시선으로 바라본 안네의 삶과 전쟁의 슬픔을 조용히 들려주며, 시간이 흘러도 잊지 말아야 할 역사의 아픔을 되새기게 합니다.

안네의 일기
안네 프랑크 지음 / 지경사 / ★★★

열세 살에 은신처로 숨어든 안네 프랑크가 2년 동안 써 내려간 일기입니다. 가까운 사람들과의 갈등, 성장의 혼란, 인간에 대한 믿음을 솔직하게 담아 60년 넘게 전 세계 수많은 독자에게 깊은 울림을 주고 있는 책입니다.

 The Diary of a Young Girl / Anne Frank / Puffin / ★★★

안네 프랑크와 마로니에 나무
제프 고츠펠드 지음 / 두레아이들 / ★★★

숨은 공간에서 바라본 안네의 마지막 2년을 따뜻하면서도 절제된 시선으로 담아낸 그림책이에요. 부록을 통해 《안네의 일기》에 담긴 안네의 솔직하고 단단한 내면까지 함께 만날 수 있습니다.

 The Tree in the Courtyard / Jeff Gottesfeld / Knopf / ★★★

스페인, 바르셀로나
건축의 거장 가우디

📍 Carrer de Mallorca, 401, L'Eixample, 08013 Barcelona, Spain

사그라다 파밀리아
Sagrada Família

사그라다 파밀리아는 스페인 바르셀로나를 대표하는 성당으로, 안토니 가우디가 설계한 미완성 건축물입니다. 옥수수를 닮은 탑 장식을 비롯해 자연에서 영감을 받은 독특한 디자인이 특징이에요. 1882년 착공된 이후 지금도 공사가 계속되고 있으며, 세계에서 가장 오랫동안 건설 중인 성당으로 유명합니다.

(교과서 어디에?)   초등 3학년 미술: 가우디

스페인의 수도인 마드리드보다 바르셀로나를 찾는 관광객이 압도적으로 많습니다. 그 이유 중 하나는 건축가 가우디 때문입니다. 바르셀로나에는 도시 전체를 '가우디 미술관'이라고 표현해도 될 만큼 그의 작품이 많습니다. 사그라다 파밀리아 대성당은 유네스코 세계 문화유산으로 지정되기도 했지요. 그런데 이 건물을 두고 《동물농장》의 작가 조지 오웰은 이렇게 말했습니다.

    "세상에서 가장 혐오스러운 건물 가운데 하나. 흉물스러운 건축물."

    타인의 조롱, 비난, 모욕에도 굴하지 않고 묵묵히 벽돌 하나를 쌓아 올려 거장이 된 안토니오 가우디는 어떤 삶을 살았을까요?

    1852년 6월 25일, 가우디는 스페인의 카탈루냐에 위치한 작은 시골 마을에서 태어났습니다. 어린 시절부터 잔병치레가 많았던 가우디는 학교를 결석하고 혼자 보내는 시간이 많았는데, 대신 호기심을 갖고 이것저것 유심히 관찰하는 습관이 생겼습니다. 거미가 풀 사이로 섬세하게 거미줄을 치는 모습, 새가 나뭇가지 위에 둥지를 만드는 모습, 뱀의 허물까지 세밀한 시선으로 관찰했습니다. 이런 경험을 토대로 자연과의 조화 속에서 실제 공간을 이용할 사람들의 마음을 헤아리는 건축가가 되었지요.

    가우디는 대장장이였던 아버지와 대장간에서 보내는 시간을 즐거워

사그라다 파밀리아 성당 내부.

했습니다. 불에 달군 쇠붙이가 여러 형태로 바뀌는 과정을 신기하게 여겼고, 바르셀로나 대학에 다닐 때는 공예가의 작업장에서 아르바이트를 했습니다. 건축가라면 건축물뿐만 아니라 외부와 내부 장식도 감각 있게 직접 만들 줄 알아야 한다고 생각했기 때문이지요. 스물여섯 살에 건축 사무소를 개업하고 얼마 후 파리 만국박람회에서 사용할 진열대 주문을 받았습니다. 건축물은 아니었지만 아버지의 대장간과 공예가의 작업장에서 갈고닦은 실력을 마음껏 발휘해 진열대를 만들었지요. 때마침 스페인의 최고 부자 중 하나였던 에우세비 구엘Eusebi Güell이 진열대를 보고 강한 인상을 받아 가우디의 후원자가 되었고, 가우디를 끝없이 지지하며 구엘 공원, 구엘 저택, 구엘 별장 등의 건축을 의뢰했습니다.

그러나 모두가 가우디에게 호의적인 것은 아니었습니다. 피카소는 가우디를 부자들을 위해 일하는 탐욕스러운 노인이라고 비판하며 프랑스로 떠났지요. 하지만 가우디는 평생을 수도승처럼 살았습니다. 재능을 과시하지도 않고 옷차림마저 초라해 전차 사고가 났을 때 아무도 그를 알아보지 못할 정도였지요. 가우디는 "신은 서두르지 않는다"라고 말했습니다. 약하게 태어나 시작은 느렸지만 계속 앞을 향해 걸어 나갔습니다. 다른 사람들의 거센 비난과 모욕에도 불구하고 오직 건축에만 집중하며 겸손함을 잃지 않았습니다. 위대한 몰입으로 가득 찬 천재 예술가의 삶은 그가 창조한 거대하고 아름다운 건축물만큼 감동적입니다.

 더 깊이 보기

📕 **위대한 건축가 안토니오 가우디의 하루**
포 에스트라다 지음 / 책속물고기 / ★

구엘 공원을 자신의 정원처럼 여기며 자란 작가의 그림책입니다. 가우디의 다양한 건축물을 보여 주는 동시에 가우디의 인간적 고민과 생각을 엿볼 수 있습니다.

A Stroll with Gaudi / Pau Estrada / Editorial Juventud / ★★★

📕 **천재 건축가 가우디의 역작, 사그라다 파밀리아 성당**
박수현 지음 / 국민서관 / ★

가우디의 입장에서 쓴 그림책입니다. 가우디의 건축에 담긴 의미와 어떤 의미를 성당에 담고 싶었는지를 보여 줍니다.

영국, 글렌피넌

이야기 마법사 조앤 롤링

📍 Glenfinnan PH37 4LT, UK

글렌피넌 고가교
Glenfinnan Viaduct Viewpoint (West)

구름을 뚫고 산을 넘어 다리 위를 지나던 푸른색 '포드 앵글리아' 자동차가 아슬아슬하게 호그와트 특급 열차를 피했던 곳. 영화 〈해리 포터와 비밀의 방〉에서 호그와트 특급 열차를 놓친 해리와 론이 자동차를 타고 하늘을 날던 장면을 본 사람이라면 이곳을 잊을 수 없겠죠. 아름다운 풍경을 배경으로 증기 기관차가 지나다니는 '글렌피넌 고가교'는 영화뿐만 아니라 스코틀랜드 지폐에도 담겨 있었던 역사적인 장소입니다.

(교과서 어디에?) 중학교 3학년 국어 : 조앤 K.롤링, 설득 전략이 담긴 연설

조앤 롤링은 《해리 포터와 비밀의 방》을 출간하면서 "어려운 시기에 항상 나를 지지해 준 친구인 숀 해리스에게 바친다"라고 말했습니다. 해리스는 조앤이 답답할 때마다 '포드 앵글리아'를 몰며 그녀의 걱정과 슬픔을 날려 주었다고 합니다. 조앤은 조력자가 되어 준 친구와의 우정을 소설 속 해리와 론이 함께 하늘을 나는 '포드 앵글리아'로 표현했습니다.

    조앤은 1965년 7월 31일, 영국의 브리스톨 인근 도시 예이트_{Yate}에서 태어났습니다. 그녀는 책을 좋아하는 엄마 덕분에 다양한 종류의 책을 마음껏 읽을 수 있었지요. 조앤은 친구들과 함께한 놀이, 경험했던 사건들, 재미있고 신기한 이름 등을 자신의 비밀 노트에 기록해 두기도 했습니다. 이 기록이 훗날 어린 시절을 생생하게 기억해 낼 수 있는 보물 창고가 되었어요.

    하지만 행복은 그리 오래가지 못했습니다. 조앤의 엄마가 불치병 진단을 받았기 때문입니다. 침울한 집안 분위기를 피해 공부에 몰두한 사춘기 시절의 조앤은 영화 속 '헤르미온느'와 닮았습니다. 슬픔에 빠진 조앤을 위로해 주던 친구 숀 해리스는 '론'의 모델이 되었고요. 이후 아버지의 권유로 들어간 직장에서 해고당하고, 설상가상으로 곁에서 힘이 되어 준 남자 친구마저 맨체스터로 이사를 합니다. 그를 따라가고 싶지만, 온종일 돌아다녀도 이사할 집을 찾지 못한 조앤은 결국 우울한 마음으로 런

조앤 롤링이
《해리 포터》시리즈를 쓴
카페 '더 엘리펀트 하우스'.

던행 기차에 오릅니다.

창밖으로 본 얼룩소들이 실려 가는 모습이 마치 아이들을 기숙 학교로 운반하는 '마법 기차' 같다고 생각하던 그 순간, '아무것도 몰랐지만, 입학 통지서를 받고 자신이 마법사라는 사실을 깨닫는 아이'라는 설정이 떠올랐습니다. 작가라는 꿈을 잊은 적 없는 그녀였지만, 캐릭터를 창조하고 스토리를 완성하기까지는 이후로도 오랜 시간이 걸렸다고 합니다.

"졸업 후 7년은 누가 봐도 실패라고 할 만큼 힘들었습니다. 결혼한 지 얼마 되지 않아 이혼했고, 정신적으로 힘든 시간을 보냈습니다. 직장도 없이 애를 둔 미혼모로서 경제적으로도 어려움을 겪었고, 영국에서 노숙자를 제외하고는 가장 가난한 사람이 되었습니다."

-2008년 하버드 대학교 졸업 축사 중에서-

《해리 포터》 시리즈가 독자들을 매료시킨 비결은 치밀한 관찰력으로 창조해 낸 현실감 넘치는 세계관 때문일 것입니다. 모든 이름에는 역사와 이야기가 담겨 있다고 생각한 그녀는 소설 속 인물도 허투루 다루는 법이 없었습니다. 모든 언어를 새롭게 창조해 사용한 것은 말할 것도 없고요. 신화와 전설을 배경으로 한 《해리 포터》 시리즈에서 자꾸만 현대적인 분위기를 느끼게 되는 까닭이 바로 여기에 있습니다.

조앤은 자신이 만들어 낸 인물인 해리를 통해 위안과 용기를 얻었다고 말합니다. '판타지'라는 장르는 현실과 동떨어진 허구의 이야기 같지만, 《해리 포터》 시리즈에는 평범한 아이들의 고난과 좌절, 성장 이야기가 담겨 있습니다. 어쩌면 그녀는 세상을 바꾸는 힘은 마법이 아니라 우리의 내면에 존재한다고 말하고 싶었던 것이 아닐까요?

더 깊이 보기

해리 포터 시리즈
조앤. K. 롤링 지음 / 문학수첩 / ★★★
J. K. 롤링의 대표 작품으로 마법 학교에 입학한 해리가 친구들과 함께 펼치는 모험에 관한 이야기입니다.

 Harry Potter / J. K. Rowling / Scholastic / ★★★

해리 포터 시리즈
2001년 / 영국·미국 / 전체 관람 가
2001년 〈해리 포터와 마법사의 돌〉부터 2011년 〈해리 포터와 죽음의 성물 2〉까지, 총 8편의 영화가 제작되었습니다.

유럽의 다양한 요리를 소개해요!

스웨덴 요리는 우리에게 다소 낯설지만, 바이킹 뷔페와 이케아에서 파는 미트볼은 먹어 본 적이 있을지도 몰라요. '스뫼르고스보르드'는 스웨덴 사람들의 조상인 바이킹들이 나무 판자에 다양한 음식을 올려 놓고 각자 원하는 만큼 덜어 먹던 방식에서 유래한 스웨덴식 뷔페 요리입니다. 스웨덴에는 해산물, 특히 청어, 연어, 새우 등을 절임이나 훈제 방식으로 활용한 요리가 많습니다. 그리고 감자와 함께 즐기는 미트볼인 '코트불라르'는 대표적인 스웨덴 요리 중 하나이지요. 크리스마스 시즌에는 '크리스마스 테이블'이라는 뜻의 '율보드' 뷔페를 준비하는데, 이는 가족과 함께 즐기는 스페인의 중요한 전통이랍니다.

수르스트뢰밍 *Surströmming*
내장을 제거한 청어를 소금에 절인 뒤 발효시켜 통조림에 보관하는 스웨덴 전통 요리입니다. 강한 냄새가 특징이며, 주로 감자, 양파, 크림, 얇은 빵과 함께 먹습니다.

슈트렉스트뢰밍 *Stekt Strömming*
신선한 청어에 밀가루를 입혀 튀기거나 팬에 구운 요리로, 보통 감자와 딜 소스를 곁들여 먹어요.

셰불라르 *Sjöbullar*
스웨덴식 생선 미트볼로 다진 생선살을 동그랗게 만들어 튀기거나 구운 요리입니다. 크림소스, 감자와 함께 먹어요.

코트불라르 *Köttbullar*
스웨덴의 대표적인 미트볼 요리로 다진 고기와 양파, 빵가루 등을 섞어 동그랗게 만든 후 튀기거나 구워 크림소스와 으깬 감자, 링곤베리 잼과 함께 먹습니다.

그라브락스 *Gravlax*
신선한 연어를 소금, 설탕, 허브류인 딜로 절여 만든 냉장 애피타이저입니다. 보통 호밀빵이나 머스터드소스와 함께 먹어요.

크네케브뢰드 *Knäckebröd*
납작한 빵 또는 크래커로 얇고 바삭한 식감이 특징입니다. 주로 치즈, 햄, 또는 스프레드와 함께 간식이나 아침 식사로 즐겨요.

페파카코르 *Pepparkakor*
스웨덴의 전통적인 생강 쿠키로 얇고 바삭하며 진저브레드와 비슷한 향신료가 들어가요. 주로 크리스마스 시즌에 즐겨 먹습니다.

루세카터 *Lussekatter*
스웨덴에서 12월 13일 성 루치아의 날과 크리스마스 시즌에 즐겨 먹는 S자 모양의 빵입니다. 사프란과 건포도를 넣어 노란색을 띠며, 부드럽고 달콤한 맛이 특징이에요.

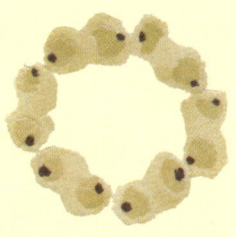

스위스 요리

스위스는 다양한 치즈와 고기 요리, 초콜릿이 유명합니다. 《알프스 소녀 하이디》에도 구워 먹는 치즈, 갓 짠 염소젖, 빵 등이 자주 등장하지요. 스위스는 알프스와 같은 높은 산과 호수로 이루어져 오래전부터 농사보다는 산지에서 염소나 소를 키우는 경우가 많았어요. 그래서 치즈와 유제품이 많이 생산되었지요.

스위스의 전통 요리인 퐁뒤는 누군가 추운 겨울에 딱딱해진 빵을 좀 더 맛있게 먹을 방법을 고민하다 치즈를 녹여 빵에 찍어 먹는 아이디어를 떠올려 만든 요리라고 합니다. 퐁뒤fondue는 프랑스어로 '녹이다'라는 뜻이에요. 이렇게 시작된 퐁뒤는 입소문을 타고 스위스 전역으로 퍼지며 고기나 말린 과일까지 찍어 먹는 방식으로 변형되었어요.

치즈 퐁뒤 *Fondue Neuchâteloise*
스위스 뇌샤텔 지역의 전통 요리예요. 에멘탈과 그뤼예르 치즈를 화이트 와인과 함께 녹여 빵을 찍어 먹습니다.

FONDUE NEUCHÂTELOISE

퐁뒤 부르기뇽 *Fondue Bourguignonne*
작은 고기 조각을 뜨거운 기름에 튀긴 요리로 다양한 소스를 곁들여 먹습니다. 채소나 해산물을 튀겨 먹기도 해요.

FONDUE BOURGUIGNONNE

라클레트 *Raclette*
스위스 소젖으로 만든 치즈를 녹여 먹는 요리로 프랑스어로 '긁어낸다'는 뜻의 라클레르racler에서 유래한 이름입니다. 장작불이나 전용

RACLETTE

기계로 치즈를 녹인 뒤 칼로 긁어 내어 감자, 피클, 양파, 다양한 고기와 함께 즐겨요.

에멘탈 치즈 Emmental Cheese
큰 구멍과 고소하고 부드러운 맛이 특징입니다. 만화 〈톰과 제리〉에서 제리가 자주 훔쳐 먹는 치즈로 유명해졌어요.

그뤼에르 치즈 Gruyère Cheese
견과류의 풍미와 약간의 단맛이 있는 단단한 치즈입니다. 잘 녹는 특징이 있어 다양한 요리에 사용하는데, 특히 퐁뒤, 수플레, 그라탱에 많이 쓰여요.

뢰스티 Rösti
잘게 썬 감자를 팬에 구워 만드는 요리로, 바삭하고 고소한 맛이 특징입니다. 양파, 베이컨, 치즈 등을 함께 넣어 만들기도 해요.

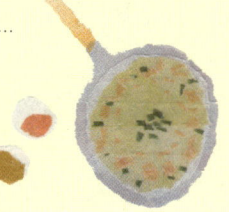

로체르너 취겔리파스테테 Lozärner Chügelipastete
특별한 행사나 축제 때 많이 먹는 스위스 루체른 지역의 전통 요리입니다. 버섯과 고기(주로 송아지 고기)를 채운 페이스트리 파이로 보통 크림소스와 함께 먹어요.

취르히 게슈네첼테스 Zürcher Geschnetzeltes
스위스 취리히 지역의 대표 요리로 얇게 썬 송아지 고기를 크림소스와 함께 요리합니다. 보통 뢰스티 Rösti와 함께 먹으며, 부드럽고 풍부한 맛이 특징이에요.

베르너 플라테 Berner Platte
1798년 스위스와 프랑스의 전투 승리를 기념해 만든 베른 지역의 전통 요리입니다. 다양한 훈제 고기와 소시지, 감자, 양배추, 콩 등을 큰 접시에 담아 먹습니다.

⑤ 문화

달라서 더 재밌는
지구 반대편의 일상

오스트리아, 잘츠부르크

도레미 노래가 시작된 언덕

📍 Werfen, 5450 Salzburg, Austria

베르펜 언덕
The Sound of Music Trail Werfen

호엔베르펜성을 품고 있는 높은 설산을 배경으로 푸른 초원이 아름답게 펼쳐진 이곳은 영화 〈사운드 오브 뮤직〉에서 마리아가 아이들에게 〈도레미 노래〉를 처음 가르쳐 준 곳이기도 합니다.

(교과서 어디에?)   **초등 4학년 음악:** 사운드 오브 뮤직

푸른 초원이 가득한 풍경과 명랑한 배경 음악으로 우리에게 익숙한 〈사운드 오브 뮤직〉은 실화를 바탕으로 만든 영화입니다. 1949년 마리아 폰 트라프가 자신과 가족의 이야기를 담은 회고록 《트라프 가족 합창단 이야기 The Story of the Trapp Family Singers》를 출판했고, 이 내용은 이후 〈사운드 오브 뮤직〉이라는 제목의 뮤지컬과 영화로 만들어졌습니다.

　영화는 제2차 세계 대전이 진행 중이던 1930년대 말 오스트리아, 음악을 사랑하는 견습 수녀 마리아가 폰 트라프 대령의 집에 가정교사로 가면서 시작됩니다. 폰 트라프 대령은 아내와 사별한 뒤, 아이들을 사랑하면서도 무척 엄격하게 대하고 있었죠. 트라프 대령이 호루라기를 불어 일곱 남매를 소집해 마리아에게 소개하는 장면은 그의 엄격함을 단번에 보여 줍니다.

　차가운 집안 분위기가 버거웠던 가정교사들은 얼마 버티지 못하고 그만뒀고, 아이들은 마리아도 금방 떠날 거라 생각하며 마음을 열지 않습니다. 하지만 마리아는 달랐습니다. 노래를 가르쳐 주며 아이들과 가까워졌고, 폰 트라프 대령도 조금씩 마음을 열게 되었죠. 마리아와 폰 트라프 대령은 서로의 진심을 확인하고 결혼식을 올렸습니다. 그러나 행복한 시간을 즐길 틈도 없이 신혼여행을 다녀오자마자 폰 트라프 대령은 나치군으로부터 소집 명령을 받습니다. 트라프 가족은 다 함께 노래 대회에 나갔다가 대회 중간에 나치군의 눈을 피해 도망쳤고, 무사히 알프스산맥을 넘으며 영화가 끝납니다.

이 영화의 인기는 전 세계로 퍼졌습니다. 익숙한 〈도레미 노래〉뿐만 아니라 오스트리아 전통 민요로 알고 배운 〈에델바이스〉조차 이 작품을 위해 만든 노래라는 사실은 더욱 놀라웠죠. 영국에서는 "만약 핵전쟁이

영화 〈사운드 오브 뮤직〉의 폰 트라프 대령의 집.

일어난다면 방송국에서 〈사운드 오브 뮤직〉의 음악을 틀어 민심을 안정시킨다"라는 규정을 만들었을 정도로 대단한 인기였습니다. 하지만 어쩐 일인지 자국인 오스트리아와 인근 나라인 독일의 국민 중에는 이 영화를 모르거나 심드렁한 반응을 보이는 이들도 있었습니다. 국제적인 성공에도 불구하고 오스트리아와 독일에서는 실패작이었다고나 할까요? 오스트리아 최대 신문 중 하나인 〈쿠리어〉Kurier는 "에델바이스는 오스트리아 음악 창작에 대한 모욕"이라고 혹평하기도 했습니다. 오스트리아의 문화를 미화하거나 미국식으로 왜곡해서 표현했으며, 이야기 속의 말도 안 되는 설정이 현지인에게는 공감을 사기 어려웠던 것이었죠.

더 깊이 보기

사운드 오브 뮤직
마리아 트라프 지음 / 이경애 엮음 / 훈민출판사 / ★★★
영화 〈사운드 오브 뮤직〉의 원작 소설 《트라프 가족 합창단 이야기》를 어린이가 보기 쉽게 만든 책입니다.

The Sound of Music, A Classic Collectible Pop-up
Rodgers & Hammerstein, Lindsay & Crouse / Little Simon / ★
한 장씩 넘길 때마다 영화 장면과 음악이 떠오르는 팝업 북입니다.

사운드 오브 뮤직
1969년 / 미국 / 전체 관람 가
개봉한 지 60년 가까이 되었지만 뮤지컬로 제작되고 재개봉이 이어질 정도로 여전히 사랑받는 걸작입니다.

영국, 런던
패딩턴에게 배우는 친절

📍 Praed St, London W2 1HU, UK

패딩턴역
Paddington Station

패딩턴역은 영화 〈패딩턴〉의 배경이 된 영국의 대표적인 기차역입니다. 페루에서 온 작은 곰 패딩턴이 처음 도착한 장소이며, 역 한편에서 그의 동상을 볼 수 있어요. 히드로 공항으로 가는 히드로 익스프레스와 최신 노선 엘리자베스 라인도 이용할 수 있습니다. 패딩턴의 이야기를 떠올리며 역을 둘러보는 것도 재미있어요.

(교과서 어디에?) 초등 3~4학년 더불어 사는 민주 시민: 다양한 세상, 다양한 문화

리즈 트러스 총리는 2023년 영국의 새로운 왕으로 즉위한 찰스 3세의 시대를 '새 캐롤리안 시대 our new Carolean age'로 명명하며 충성을 약속했습니다. 여기서 '캐롤리안'은 찰스의 라틴어 어원입니다. 또한 트러스 총리는 찰스 3세의 어머니인 엘리자베스 2세 여왕을 칭송하며 여왕이 출연한 두 개의 영상을 소개했습니다. 하나는 2012년 런던 올림픽 개막식 때 제임스 본드와 함께 헬리콥터에서 뛰어내린 장면이었고, 또 하나는 즉위 70주년 플래티넘 주빌리 행사에서 보여 준 '패딩턴 베어와의 대화' 영상이었습니다.

　특정 기념 주기를 일컫는 '주빌리 Jubilee'는 주로 국왕이나 여왕의 즉위 기념일을 말합니다. 25년은 실버 주빌리, 50년은 골든 주빌리, 60년은 다이아몬드 주빌리, 70년은 플래티넘 주빌리라고 표현하지요. 그렇다면 플래티넘 주빌리처럼 중요한 기념일에 엘리자베스 여왕과 차를 마신 패딩턴은 누구일까요?

　1958년, 런던의 패딩턴 기차역에 "이 곰을 돌봐 주세요. 고맙습니다"라고 적힌 카드를 목에 건 아기 곰 한 마리가 있습니다. 곰은 다른 아이들처럼 자신을 거둬 줄 새로운 가족을 만날 수 있을 거라 기대했지만, 런던 사람들은 춥고 배고픈 곰 한 마리에게 눈길조차 주지 않습니다. 한때 낯선 이들에게 친절했다던 도시는 이제 차갑기만 합니다. 홀로 기차역에 앉아

패딩턴 인형.

도움을 기다리는 곰, 패딩턴의 모습이 측은하네요.

'패딩턴'이라는 캐릭터의 역사는 영화 〈패딩턴〉의 원작 소설을 쓴 작가 마이클 본드의 곰 인형에서 시작됩니다. 1956년 크리스마스이브, 작가 지망생 본드는 퇴근길 백화점에서 홀로 외롭게 남은 곰 인형을 발견합니다. 크리스마스를 혼자 보내게 생긴 인형이 측은했던 이 서른 살 남자는 아내에게 줄 선물로 인형을 집에 데려옵니다. 출퇴근길에 이용하는 기차역에서 이름을 따 '패딩턴'이라는 이름도 붙여 줬죠.

지금은 영국을 상징하는 캐릭터로 널리 알려졌지만, 패딩턴은 원래 난민에 가까운 이방인이었습니다. 패딩턴이 들고 다니는 여행 가방은 작가가 제2차 세계 대전 중 피난을 떠나는 어린이들의 모습에서 영감을 받았다고 해요. 전쟁이 끝난 후 이주민, 난민과 함께 일하게 된 본드는 문화의 다양성을 실감합니다. 그는 그랜드피아노 안에 숨어 탈출한 러시아인, 법관이 되기 직전에 나치의 블랙리스트에 올라 단돈 10파운드를 들고 영국으로 도망친 독일인 등을 만났습니다. 이러한 경험을 통해 극우 정치인들이 "이민자를 쫓아내자"라는 구호를 외치던 그때, 본드는 "다른 배경을 가진 사람들을 포용하는 것이 중요하다"라는 메시지를 패딩턴에 새겨

넣을 수 있었습니다.

　영국인들이 패딩턴을 좋아하는 이유는, 그가 대가를 바라지 않고 주변 사람들을 돕기 때문입니다. 사람들은 지나치게 공손하고 누구에게나 친절한 이 캐릭터를 사랑합니다. "착한 마음으로 대하면 상대방도 착해진다"라는 말처럼, 루시 숙모가 패딩턴에게 가르친 예의와 친절은 유행을 타지 않습니다. 기차역에 홀로 남겨진 패딩턴에게 결국 누군가 다가와 도움을 주었듯이 선한 마음이 베푸는 작은 호의는 때로 누군가의 삶을 바꾸기도 합니다.

더 깊이 보기

패딩턴 시리즈
마이클 본드 지음 / 파랑새어린이 / ★★

50년 넘게 전 세계 어린이들에게 사랑받아 온 패딩턴 시리즈. 예의 바르지만 사고뭉치인 꼬마 곰 패딩턴이 벌이는 엉뚱한 소동이 유쾌한 웃음과 따뜻한 감동을 전합니다.

Paddington Bear / Michael Bond / Houghton Mifflin / ★★★

Paddington at the Zoo
Michael Bond / HarperCollins / ★

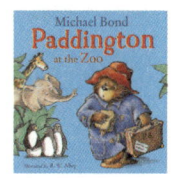

패딩턴이 동물원 소풍을 위해 여섯 개의 마멀레이드 샌드위치를 만들지만, 동물들에게 다 빼앗기는 재미있는 에피소드를 담은 책입니다.

패딩턴
2015년 / 영국·프랑스·캐나다 / 전체 관람 가

폭풍우로 가족을 잃은 꼬마 곰 '패딩턴'. 영국에 도착해 새 가족을 만나지만, 악당 박제사의 등장으로 사건에 휘말리는 이야기를 담았습니다.

영국, 포트리
신비한 전설의 바위

📍 Portree IV51 9HX, UK

올드 맨 오브 스토르
Old Man of Storr

스코틀랜드 여행의 핵심이라 불리는 스카이섬에는 스티븐 스필버그 감독의 영화 〈마이 리틀 자이언트〉 촬영지로 널리 알려진 '올드 맨 오브 스토르 Old Man of Storr'가 자리하고 있습니다. '스토르의 노인'이라는 뜻을 가진 이곳의 바위기둥에는 노인이 바위로 변했다는 전설이 전해집니다.

교과서 어디에? **중학교 1학년 영어:** 세계 각국의 전래 동화, 요정

"이튼스쿨에서 남학생 14명 행방불명! 기숙사 창문 밑에서 뼈 발견!" 어느 날 키가 20m나 되는 거인이 인간들을 창문으로 빼내서 각설탕 삼키듯이 꿀꺽꿀꺽 먹어 치운 후 나라별로 맛을 평가하는 일이 벌어집니다. 그리스Greece 사람은 기름grease과 비슷한 맛이 나고, 웨일스Wales 사람은 고래whale처럼 뭔가 비린 맛이 난다고요. 푹푹 찌는 더위에는 '춥다'는 뜻의 '칠리chilly'와 발음이 같은 칠레 사람을 먹으며 더위를 식히기도 하죠. 이 끔찍하고도 기발한 상상은 영화 〈마이 리틀 자이언트〉의 원작 소설인 영국 작가 로알드 달의 《내 친구 꼬마 거인》의 내용입니다.

로알드 달의 책을 읽어 본 적은 없을지라도, 그의 작품을 바탕으로 만든 영화, 애니메이션, 뮤지컬을 모르는 사람은 드물 겁니다. 영화 〈찰리와 초콜릿 공장〉, 〈웡카〉, 뮤지컬 〈마틸다〉 등이 큰 인기를 누리고 있기 때문입니다. 로알드 달이 만든 500여 개의 단어와 그가 자주 사용하는 8000개의 단어를 《옥스퍼드 로알드 달 사전》으로 만들었을 정도입니다.

영화 〈마이 리틀 자이언트〉의 배경인 스카이섬이 하늘과 관련 있는 섬이 아닐까 하는 생각이 들었다면, 땡! 틀렸습니다. 여기서 '스카이'는 영어 'Sky'가 아닌 스코틀랜드 게일어에서 '구름'을 의미하는 'Skye'거든요. 이 섬의 정식 이름은 '구름의 섬'을 뜻하는 'Isle of Skye'이고요. 스카이섬에서도 스토르 언덕 위 '스토르의 노인'이라는 이름의 바위기둥은 예로부터 그 신비로운 자태로 사람들의 상상력을 자극했습니다. 거인의 엄지손가락이 땅 위로 삐죽 솟아 나왔다거나 신선이 살았다는 이야기가 모두 여기서 온 것이죠. 그곳에는 이런 이야기도 전해집니다.

한 노인과 그의 아내는 자주 스토르 언덕의 바위 위에 올라 이야기를 나누곤 했습니다. "어제 내가 누굴 만났는지 알아?", "아, 글쎄 빨간 지붕 아래 사는 남자가 원수처럼 지내던 옆집 여자와 결혼했대!" 엘프들은 부

올드 맨 오브 스토르의 바위기둥.

부의 시시콜콜한 이야기를 어떤 드라마나 라디오 프로그램보다 흥미롭게 엿들었죠. 그러나 시간이 흐르면서 노부부는 이제 더 이상 언덕을 오를 기력이 없었습니다. 그러자 이야기에 중독된 엘프들이 그들을 납치해 자신들의 왕국으로 끌고 가 버립니다. 집을 그리워한 부부는 엘프 왕국에서 도망쳤지만, 엘프의 왕은 그 벌로 노부부가 즐겁게 대화하던 장소에서 그들을 바위로 변하게 만들었습니다.

어쩐지 노인의 옆모습을 닮았다는 바위기둥이 신비하면서도 애처로운 느낌이 듭니다. "마법은 눈에 보이는 것이 아니야. 그냥 믿어야 하는 거지. 너희들이 믿지 않으면 절대 마법을 찾을 수 없단다." 로알드 달의 말처럼 이곳에 가면 마법을 믿을 수 있을지도 모릅니다.

더 깊이 보기

📙 내 친구 꼬마 거인

로알드 달 지음 / 시공주니어 / ★★★

사람들을 잡아먹는 거인들의 세계에 갇힌 소피의 모험을 다룬 흥미진진한 이야기입니다.

The BFG / Roald Dahl / Puffin Books / ★★★

🎬 마이 리틀 자이언트

2016년 / 미국·영국·캐나다 / 전체 관람 가

로알드 달의 소설 《내 친구 꼬마 거인 The BFG》을 원작으로 스티븐 스필버그가 연출했습니다. 사랑스러운 소녀 소피가 거인과의 우정을 통해 모험을 떠나는 내용의 판타지 영화입니다.

핀란드, 헬싱키
모두의 놀이터가 된 도서관

📍 Töölönlahdenkatu 4, 00100 Helsinki, Finland

헬싱키 중앙 도서관 오디
Helsingin keskustakirjasto Oodi

2017년 12월 6일, 핀란드 정부가 독립 100주년을 기념해 헬싱키 시민들에게 특별한 선물로 지어 준 도서관입니다. 특정한 인물이나 사물, 사건에 부치는 시를 뜻하는 오디Oodi는 이름부터 설계 공모까지 모든 것이 시민들의 참여로 이루어졌습니다.

교과서 어디에?
- 초등 5~6년 사회과 부도: 냉대 기후, 핀란드, 사우나
- 초등 지구촌과 함께하는 세계 시민: 생활 속 공공의 문제

100여 년 전만 해도 북유럽 국가들은 무척 가난했습니다. 하지만 지금은 전 세계에서 복지가 가장 잘되어 있는 곳으로 손꼽히지요. 짧은 기간 안에 이러한 변화를 만들어 낸 데는 국민들의 높은 독서량과 이를 지원하는 도서관의 영향이 컸다고 해요. 북유럽 어디를 가더라도 마을 한가운데에 도서관이 있고, 지역 주민들은 물론 여행자들도 실내 놀이터처럼 편안하게 즐기는 모습을 볼 수 있습니다.

　북유럽의 학교들은 아이들이 생각하는 즐거움을 느낄 수 있도록 수업을 일찍 끝낸다고 합니다. 대신 도서관과 학교가 손잡고 교육 프로그램을 만들어 운영합니다. 도서관 사서는 학교에 방문해서 아이들에게 좋은 책 고르는 법, 친구들과 생각 공유하는 방법 등을 가르쳐 주고, 학교 선생님은 도서관 자료를 찾아야만 해결할 수 있는 과제를 줍니다. 어린 시절부터 도서관에 드나드는 생활이 자연스럽게 자리 잡게 만드는 것이죠.

　북유럽 중에서도 교육 강국이라 불리는 핀란드는 한국과 여러 면에서 비슷한 점이 많습니다. 스웨덴에게는 655년간, 러시아에게는 108년간 지배를 받은 뒤 1917년이 되어서야 독립을 선언했지만, 세계 대전으로 인해 안정을 찾기까지 시간이 걸렸습니다. 핀란드 정부는 자원도 부족하고 인구도 적은 나라가 부강해질 수 있는 방법은 교육뿐이라는 결론을 내렸고, 막대한 국가 예산을 교육에 투자하기 시작했습니다.

오디 도서관에 주민들이 모여 있는 모습.

 핀란드 헬싱키에 있는 오디Oodi 도서관은 전통적인 도서관 형태를 벗어나 미래 도서관에 먼저 도착한 느낌을 줍니다. 실제로 이곳은 '미래의 도서관은 어떤 모습일까?'라는 주제로 여러 사람이 의견을 나누어 만든 협동 작품이며, '시민의 거실'이라고 불립니다. 1층에는 카페, 영화 감상실, 모임 공간이 있고, 2층에는 3D 프린터와 전동 공구, 게임방, 재봉틀, 음악실 등 다양한 창작 활동을 할 수 있는 공간이 있습니다. 3층에는 성인과 어린이를 위한 자료실이 있는데 소음이 잘 차단되어 아이들이 뛰어다녀도 책을 읽는 데 불편이 없습니다. 햇살이 들어오는 통창에 놓인 디자인 의자와 시내를 한눈에 볼 수 있는 테라스 등 오래 머물고 싶은 공간도 아주 많습니다. 조용하기만 한 도서관이 아니라 친구들과의 만남이나 창작 활동까지 자유롭게 즐기며 상상력을 펼치는 곳이지요.

　여러분이 생각하는 미래의 도서관은 어떤 모습인가요? 사우나가 삶의 일부인 핀란드 사람들은 오디 도서관에 사우나 시설을 만들어 진지한 주제를 토론하는 장소로 사용하자는 의견도 냈다고 합니다. 결국 이루어지지는 못했지만 상상만 해도 재미있지 않나요?

더 깊이 보기

도서관은 어떤 곳일까?
아카기 간코 지음 / 달리 / ★

도서관에 가자 시리즈 3권 중 하나. 도서관의 중요성과 활용법을 친절하게 안내하며, 아이들이 스스로 필요한 책을 찾고 조사하는 데 도움이 되는 지식 정보를 제공합니다.

도서관 할아버지
최지혜 지음 / 고래가숨쉬는도서관 / ★

꿈꾸는 고래 시리즈 5권 중 하나. 가난한 동네의 아이들에게 책을 읽을 수 있게 해 준 이인표 도서관 할아버지의 이야기입니다.

멋대로 도서관
신현경 지음 / 푸른책들 / ★★★

상상도서관 시리즈 6권 중 하나로 2014년 푸른책들 푸른문학상 수상작. 추리 기법을 활용해 아이들의 일상을 생생하게 그리며, 독서의 중요성과 즐거움을 전달합니다.

영국, 런던
런던을 구경하는 가장 좋은 방법

📍 WC2E 7BB London, UK

런던 교통 박물관
London Transport Museum

이층 버스는 영어로 '더블 데커Double Decker'라고 합니다. 'Deck'는 배의 갑판을 의미하며 'Double'은 2층을 의미하지요. 런던을 상징하는 이층 버스 중에서도 148번 버스를 타면 주요 관광지를 편리하게 여행할 수 있습니다. 포토벨로 마켓을 돌아본 후 노팅힐 게이트에서 버스를 타고 하이드 파크, 버킹엄 궁전, 빅 벤 등을 지나 런던 교통 박물관으로 가면, 교통의 역사와 발전 과정을 살펴볼 수 있습니다.

교과서 어디에? 초등 6학년 사회: 영국의 자동차, 운전석 위치

빨간색 이층 버스, 검은색 택시 '블랙캡' 그리고 지하철 안내 표지판인 '언더그라운드'는 런던의 상징물이기도 합니다. 교통수단이 역사이자 문화가 된 도시 런던. 알고 타면 더 흥미로운 런던의 교통수단을 알아볼까요?

　여전히 계급이 남아 있는 나라답게 이층 버스의 유래도 계급과 관련이 있습니다. 버스가 도입될 당시에는 귀족과 일반 시민은 같은 공간에 있을 수 없다고 여겨 1층에는 일반 시민, 2층에는 귀족이 탔다고 합니다.

　네 차례에 걸쳐 영국 총리를 지낸 윌리엄 글래드스턴은 "런던을 구경하는 가장 좋은 방법은 이층 버스 꼭대기에서 런던을 바라보는 것이다"라고 말했습니다. 높은 위치에서 탁 트인 창문으로 런던 시내가 펼쳐지는 버스의 이층 맨 앞자리는 명당 중의 명당입니다. 나뭇가지를 밀치며 좁은 도로를 회전하거나, 아치 모양 다리를 아슬아슬하게 빠져 나갈 때면 저절로 몸이 움찔하기도 합니다.

　블랙캡의 면허 시험은 세계에서 가장 까다롭기로 유명해요. '놀리지 knowledge'라고 알려진 이 시험은 2만 5000개가 넘는 도로 이름과 640개 지역의 주소 등을 외워서 가장 빠른 최단 거리를 찾아내야 합니다. '인간 내비게이션'이 되어야만 통과할 수 있는 이 시험을 준비하는 데 대략 3~4년의 공부가 필요하며, 합격한 기사들의 뇌에는 새로운 신경 경로가 형성되었다는 연구 결과까지 있을 정도죠. 물론 GPS나 구글맵 등의 등장으로 '우버'나 '에디슨리' 같은 콜택시가 그 자리를 위협하고 있지만, 뉴욕의 노란 택시처럼 블랙캡은 여전히 영국의 상징적인 택시로 남아 있습니다.

영국은 1825년에 세계 최초의 버스, 1863년에 세계 최초의 지하철이

런던의 지하철 '언더그라운드'의 로고.

탄생한 나라이기도 합니다. 객차의 모양이 둥근 관tube 형태라 '튜브' 또는 '언더그라운드'라고 하는 런던의 지하철은 160여 년의 역사를 자랑합니다. '라운델'이라고 하는 둥근 로고 역시 다양한 기념품을 만들 만큼 사랑받는 브랜드가 되었습니다.

런던의 교통수단을 이용하기 위해서는 '오이스터 카드Oyster Card'라는 교통 카드를 구입해야 합니다. 카드의 이름은 셰익스피어의 작품 《윈저의 즐거운 아낙네들》에 등장한 "세상은 너의 굴이야The world is your oyster"라는 대사에서 비롯되었습니다. 굴 껍데기를 열어 진주를 발견하는 것처럼 세상에는 기회와 가능성이 있다는 뜻이지요. 오이스터 카드 한 장으로 런던을 자유롭게 여행하며 숨겨진 보물을 찾아다니라는 의미를 담은 이름입니다.

 더 깊이 보기

A Walk in London
Salvatore Rubbino / Walker Books / ★★
엄마와 아이가 빨간색 이층 버스를 타고 런던의 랜드마크를 여행합니다.

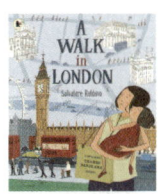

런던
클레이 램프럴 지음 | 시공주니어 | ★★★
관광지만 소개하는 여행책이 아니에요! 런던의 역사, 문화, 숨은 뒷이야기까지 흥미롭게 담은 어린이 인문 교양서입니다.

London / Klay Lamprell / Lonely Planet / ★★★

독일, 뮌헨
아우토반을 달리는 꿈

📍 Am Olympiapark 2, 80809 München, Germany

BMW 박물관
BMW Museum

BMW 박물관은 독일의 자랑인 BMW가 쌓아온 100여 년의 역사를 잘 간직한 곳입니다. 건물의 독특한 형태는 '4기통 엔진'의 실린더 모양을 본떠 만들었다고 해요. 이곳처럼 공장과 벨트, 박물관이 한데 모여 있는 자동차 회사는 현재 BMW가 유일하다고 합니다. 영어로 세계World를 뜻하는 벨트Welt는 BMW의 모든 것을 보고, 느끼고, 경험할 수 있는 공간입니다.

교과서 어디에? 중학교 역사 ①: 세계 최초의 자동차

독일의 본-쾰른 간 고속도로인 아우토반을 달리다 보면 뮌헨에 위치한 BMW 박물관을 만날 수 있습니다. 1933년, 나치당의 총수였던 아돌프 히틀러는 세계 경제 불황의 실업 문제를 해결하기 위해 세계 최초의 고속도로인 아우토반을 건설합니다. 아우토반Autobahn은 독일어로 '자동차'를 뜻하는 '아우토'와 '길'을 뜻하는 '반'의 합성어로 '자동차가 달리는 길', 즉 고속도로를 의미합니다. 눈이 쌓여도 자연스럽게 녹는 기술을 적용했을 뿐만 아니라 일부 구간은 활주로로도 이용할 수 있다고 합니다.

　제한 속도가 없는 구간으로 유명한 아우토반은 고속도로의 상징이자 속도를 즐기는 운전자라면 한 번쯤 달려 보고 싶은 꿈의 길로 여깁니다. 제한 속도와 추월 금지가 없는 구간이지만 규칙을 잘 지키기로 유명한 독일 사람들답게 사고율도 낮은 편입니다. 여기서 잠깐! 세계에서 처음으로 증기 자동차를 만든 나라는 영국인데, '최고급 자동차' 하면 왜 BMW, 벤츠, 아우디, 포르셰, 폭스바겐 등 독일 브랜드가 먼저 떠오르는 걸까요?

　1834년 영국. 존 스콧 러셀이 제작한 증기 자동차가 승객 21명을 태우고 글래스고로 출발했습니다. 그러나 언덕을 오르며 압력을 높이다 엔진이 폭발해 3명이 사망하는 비극이 일어나고 맙니다. 이후에도 여러 사고가 발생하면서 자동차에 대한 사람들의 거부감은 높아져만 갔어요. 그중에서도 자동차를 가장 강하게 반대했던 집단은 당시 대중교통을 책임지던 마차 운송업자들이었습니다. 그들의 끊임없는 청원에 영국에서는 결국 '붉은 깃발법'을 제정합니다. 이 법에는 "도심에서 자동차의 최고 속도를 시속 3km로 제한하며, 마차가 붉은 깃발을 휘두를 때 자동차는 50m 떨어져 뒤따라야 한다"는 내용이 담겨 있었습니다. 1865년부터 30여 년간 적용된 이 도로교통법은 결국 시대에 뒤떨어진 규제의 대표 사례로 남게 되었죠. 이 법은 말과 사람의 안전을 구실로 대중의 자동차 구매 욕구를 떨어뜨렸습니다.

독일은 어땠을까요? 어린 시절 증기 기관차에 관한 책을 읽으며 '스스로 움직이는 마차'를 만들겠다는 꿈을 꾸던 소년이 있었습니다. 그는 바로 벤츠의 창업자 카를 벤츠입니다. 결국 그는 증기 자동차의 한계를 극복할 방법으로 가솔린을 연료로 사용하는 엔진을 개발해 특허까지 받아냈습니다. 하지만 이 특허받은 자동차는 시운전 실패로 "냄새 나는 괴물 수레"로 전락하고 말았지요. 이때 그의 부인 베르타 벤츠가 용감하게 다시 자동차에 올랐습니다. 베르타는 깊은 절망에 빠진 남편에게 편지 한

아우토반.

장을 남기고, 두 아들과 함께 자기 집에서 106km 떨어진 친정으로 '드라이브'를 떠납니다. 냉각수가 말라서 과열되어 연기가 날 때는 시냇물을 사용하고, 머리핀으로 연료 파이프에 낀 이물질을 제거해 가며 마침내 친정에 도착하죠. 차량 이동 개념이 없던 그때, 베르타의 도전은 "최초의 장거리 운전"으로 기록되었으며, 그녀의 이야기가 전국으로 퍼져 자동차에 대한 인식을 완전히 변화시켰습니다.

독일 자동차 산업이 날개를 다는 데는 아우토반도 큰 역할을 했습니다. 잘 달릴 수 있는 도로가 있었기 때문에 세계적으로 경쟁력 있는 자동차를 개발할 수 있었던 것이죠. 먼 거리를 빠르게 이동할 수 있는 자동차는 역사상 가장 획기적인 발명품 중 하나입니다. 독일 자동차가 많은 이의 '드림 카'가 된 것은 어쩌면 당연한 일일지도 모르겠습니다.

더 깊이 보기

어린이 자동차 엠블럼 대백과
신기한생각연구소 지음 / 바이킹 / ★★
롤스로이스부터 BMW까지! 엠블럼에 담긴 탄생 이야기와 아우토반을 달린 명차들을 통해 세계 문화와 역사 지식까지 배울 수 있습니다.

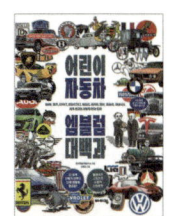

The Racecar Alphabet
Brian Floca / A Richard Jackson Book / ★
알파벳의 첫 글자부터 시작해 한 세기 동안 이루어진 자동차 경주에 관한 모든 것을 보여 줍니다.

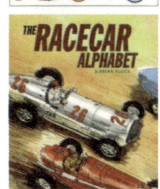

덴마크, 코펜하겐

천천히 달리는 미래

📍 Tietgensgade, 1651 København, Denmark

코펜하겐 중앙역 자전거 주차장
Bike Parking near Copenhagen Central Station

코펜하겐에서 많이 이용하는 교통수단 중 하나가 자전거입니다. 중앙역 앞에도 넓은 자전거 주차장이 있어 기차와 연계해 이동하기 편리합니다. 도로와 분리된 전용 자전거 도로 덕분에 출퇴근 시간에도 자전거를 이용하는 사람이 많습니다. 신호등 앞에 차처럼 줄지어 멈춰 선 자전거 행렬을 쉽게 볼 수 있습니다.

교과서 어디에? 초등 5학년 실과: 자전거의 다양한 요소

"지하철로는 24분이 걸리는데, 자전거로는 11분이라고?"

우리나라에서는 불가능한 일처럼 여겨지겠지만 코펜하겐에서는 가능합니다. 도시를 대표하는 키워드로 자전거를 꼽을 만큼 코펜하겐은 자전거 도로가 훌륭하거든요. 100년이 넘는 기간 동안 구축된 코펜하겐의 자전거 도로는 차도와 인도가 완전히 분리되어 서로 뒤엉킬 일이 없습니다. 또한 이곳에서는 자전거를 타다 힘들면 언제 어디서나 자전거를 보관하고 대중교통으로 바꿔 탈 수 있습니다. 덕분에 코펜하겐 사람들은 비가 오든 눈이 오든 신경 쓰지 않고 자전거를 탑니다.

'자전거 고속도로' 개념은 2011년 영국 런던에서 처음 등장했지만, 시스템이 가장 잘 발전한 곳은 덴마크입니다. 〈로스앤젤레스 타임스〉라는 신문에 따르면, 2019년 기준 코펜하겐에서 출퇴근 및 등하교 때 자전거를 이용하는 인구 비율이 62%를 넘어섰다고 합니다. 이 정도면 코펜하겐이 "세계에서 가장 자전거 타기 좋은 도시"로 손꼽힐 만하죠?

코펜하겐이 자전거 도시로 이름을 떨치게 된 데는 이유가 있습니다. 사실 덴마크는 50년 전까지만 하더라도 환경오염이 심각한 나라였어요. 하지만 1973년에 세계적으로 석윳값이 폭등했던 '오일 쇼크'를 계기로 석유에 의존하지 않는 방법을 찾기 시작했습니다. 이후 세계 최초로 '탄소 중립 도시'를 선언하면서 자전거와 같은 '녹색 교통'이 중요한 역할을

자전거를 타는 코펜하겐 사람들.

하게 된 것입니다.

  자전거를 타면 공해를 줄일 수 있을 뿐만 아니라 자동차로 빠르게 달렸을 때 놓친 것들이 보이기 시작합니다. 천천히 보아야만 느낄 수 있는 행복하고 편안한 순간을 덴마크 사람들은 '휘게 hygge'라고 합니다. 휘게는 다른 나라 언어로 정확히 번역하기 어려운 단어입니다. 덴마크인 에밀 라우센은 책 《상상 속의 덴마크》에서 "금요일 저녁 식사를 마치면 온 가족이 젤리를 먹으며 TV에서 방영되는 디즈니 만화를 봤다. 그 순간 꼬마 에밀은 '휘게'했다"라며 어린 시절 휘게를 처음 느낀 경험을 썼습니다.

에밀 라우센은 밖에서 일을 하다가도 아내에게 전화를 걸어 휘게하는 시간을 갖는다고도 합니다. 코펜하겐의 자전거를 보면 도시가 성장하는 데 편리하고 빠른 것만 필요한 건 아니라는 생각이 듭니다.

 더 깊이 보기

자전거 이야기
플뢰르 도제 지음 / 씨드북 / ★

자전거가 언제 처음 등장했는지, 얼마나 희한한 자전거가 많은지, 다른 나라 사람들은 어떻게 자전거를 타는지 궁금하다면 이 책을 읽어 보세요.

불량한 자전거 여행
김남중 지음 / 창비 / ★★★

가족의 아픔을 안고 11박 12일, 1100km 자전거 여행을 떠나는 한 소년의 뜨거운 성장기. 2009년 출간 이후 지금까지 꾸준히 사랑받아 온 창작 동화입니다.

영국, 런던
축구를 좋아한다면 한 번쯤 영국으로

📍 782 High Rd, London N17 0BX, UK

토트넘 홋스퍼 스타디움
Tottenham Hotspur Stadium

토트넘 홋스퍼 스타디움은 잉글랜드 프리미어리그 토트넘 홋스퍼 FC의 홈구장입니다. 2019년에 새로 지은 약 6만 명이 들어갈 수 있는 커다란 경기장이에요. 잔디를 움직일 수 있는 특별한 기술이 있어 축구뿐만 아니라 미국 풋볼(NFL) 경기도 열립니다.

교과서 어디에? **초등 3학년 체육:** 체육과 영어, 축구, 풋볼

인류는 수세기에 걸쳐 스포츠에 열광해 왔습니다. 고대 그리스에서 신들의 왕 제우스를 기리는 행사로 시작한 올림픽 대회가 지금까지 지속되고 있다는 사실이 이를 잘 보여 주죠. 당시에는 신에게 자신이 얼마나 열심히 운동했는지를 증명하기 위해 벌거벗은 채 경기에 임했다고 합니다. 메달 대신 올리브 잎으로 만든 관을 머리에 쓴 그날의 승자는 근육질 몸매를 뽐내며 사람들의 부러움을 샀을 테지요.

　오늘날 세계인이 열광하는 스포츠 가운데 축구를 빼놓을 수 없습니다. 언론은 2022 FIFA 카타르 월드컵이 전 세계 스포츠 경기 중 최고 시청률을 기록했다고 보도했습니다. 축구의 인기와 더불어 축구 선수들의 인기도 하늘을 찌릅니다. 열성 팬들은 좋아하는 선수의 이름을 따서 자녀의 이름을 지을 정도죠. 실제로 영국에는 '가레스(가레스 베일)'나 '해리(해리 케인)' 같은 이름이 많아졌고, 유로파 우승을 기념해 딸 이름을 '흥민'이라 지은 토트넘 팬도 있다고 해요.

　그렇다면 축구는 어떻게 시작되었고, 또 어떻게 모두가 열광하는 스포츠로 자리매김했을까요? 중세 시대 영국에서는 부풀린 돼지의 오줌보를 상대편의 골문에 넣으면 승리하는 '쥐잡기' 놀이를 즐겼습니다. 산업 혁명 시기에는 돼지 오줌보 대신 고무로 만든 공이 도입되었지만, 경기 규칙을 놓고 다투는 일도 많았다고 합니다. 1860년대에 들어서야 협회를

통해 규칙을 확립하면서 근대 축구의 서막이 열립니다. 그동안 손을 사용하는 것에 대한 논쟁이 있었는데, 이때부터 손을 써도 되는 것은 럭비, 손을 쓰면 안 되는 것은 오늘날의 축구로 정착되었습니다.

현대 축구에서 세계 최고의 리그로 꼽히는 프리미어 리그에는 1800년대 영국 산업 도시의 노동자들을 주축으로 출발한 클럽이 많이 있습니다. 박지성이 소속되었던 '맨체스터 유나이티드'는 맨체스터 철도 노동자들을 중심으로 결성되었고, '아스널 FC'는 무기와 관련된 공장 노동자들이 중심이 되어 만든 팀입니다. 이 외에도 런던 북부를 연고로 하는 '토트넘 홋스퍼 FC'처럼 오랜 역사를 지닌 명문 팀들이 있습니다.

그렇다면 왜 하필 노동자들이 축구를 즐겼을까요? 축구는 일단 규칙이 간단합니다. 또한 공과 신발만 있으면 다른 장비 없이도 손쉽게 참여할 수 있어 짧은 휴식 시간을 즐겁게 보내기엔 제격이었죠. 영국인들은 자신이 태어난 지역의 축구 팀을 열광적으로 응원합니다. 그들에게는 '다른 모든 것은 바꿔도, 한 번 간 축구 클럽은 평생 바꾸지 않는다'는 암묵적 의리가 있습니다. 경기가 뜻대로 풀리지 않을 때 '훌리건'처럼 과격한 모습도 보이지만, 그들 역시 '미치도록' 축구를 사랑하는 사람이라는 사실은 틀림이 없죠.

더 깊이 보기

돼지 오줌보 축구
이춘희 지음 / 사파리 / ★

옛날 어린이들의 순수하고 정겨운 놀이 문화를 익살스러운 그림으로 풀어낸 책입니다.

축구 선수 윌리
앤서니 브라운 지음 / 웅진주니어 / ★

소심한 성격에 체구도 작은 침팬지 윌리. 축구를 좋아하는 윌리가 세상의 편견에 맞서는 모험을 담았습니다.

 Willy the Wizard / Anthony Browne / Picture Corgi Books / ★★

세상에서 가장 아름다운 경기
마이클 포맨 지음 / 도토리숲 / ★★

제1차 세계 대전 중 크리스마스 때 영국과 독일 병사들이 벌인 축구 경기를 통해 전쟁의 무의미함과 평화의 소중함을 그린 작품입니다.

 War Game / Michael Foreman / Farshore / ★★★

프랑스, 스트라스부르
추운 겨울 따뜻한 크리스마스

📍 Pl. Kléber, 67000 Strasbourg, France

스트라스부르 크리스마스 마켓
Strasbourg Christmas Market

크리스마스의 수도로 불리는 프랑스 스트라스부르는 오스트리아 빈, 독일 뉘른베르크와 함께 유럽에서 가장 유명한 크리스마스 마켓 중 하나가 열리는 곳입니다. 2~3월부터 근처 숙소의 예약이 마감될 정도로 인기가 높습니다.

교과서 어디에? **초등 지구촌과 함께하는 세계 시민:** 세계의 종교 기념일, 기독교의 기념일-크리스마스

해는 짧아지고 날씨는 추워져 몸을 웅크리게 만들지만, 그래도 겨울이면 기다려지는 날이 있습니다. 바로 크리스마스입니다. 유럽에서는 겨울이 되면 다가올 크리스마스의 설렘을 가득 담은 '크리스마스 마켓'이 곳곳에서 열립니다. 크리스마스 마켓에는 유럽의 역사가 고스란히 담겨 있습니다. 특히 동유럽과 독일어권 국가의 크리스마스 마켓은 그 지역 상인들이 참여해 다채로운 물건을 판매하는데, 대형 쇼핑몰의 연말 분위기와는 다른 따뜻함이 가득합니다. 모여든 인파 속에서 한 손에는 따뜻한 뱅쇼, 다른 한 손에는 김이 모락모락 나는 소시지를 들고 예쁜 장식품들을 구경하다 보면 현지인이 된 듯한 기분을 느낄 수 있습니다.

    크리스마스 마켓은 언제부터 시작되었을까요? 크리스마스 마켓의 역사는 중세 후기로 거슬러 올라갑니다. 중세의 역사는 곧 기독교의 역사이므로, 예수님이 태어난 크리스마스야말로 그 시절 가장 중요한 축제였을 텐데요. 그 큰 행사를 위해 시장을 열고 음식과 선물을 사고팔기 시작한 데서 유래했다고 합니다. 1298년 오스트리아 빈에서 열린 크리스마스 마켓이 최초의 기록으로 남아 있어요.

    현재 크리스마스 마켓이 가장 활발히 열리는 나라는 독일이며, 독일과 프랑스의 경계에 위치한 스트라스부르, 오스트리아, 동유럽까지 다양한 도시에서 크고 작은 크리스마스 마켓이 열립니다. 그중 크리스마스의 수

크리스마스 마켓에 모인 사람들.

도로 불리는 프랑스 스트라스부르는 빈, 뉘른베르크와 함께 유럽에서 가장 유명한 크리스마스 마켓으로 통합니다. 30m에 이르는 높이의 거대한 트리와 골목마다 펼쳐진 화려한 풍경은 왜 이곳이 '크리스마스의 수도'인지를 단박에 깨닫게 합니다. 대도시의 화려한 불빛과는 대조적으로 유럽만이 간직한 중세 건축물과 은은한 조명은 차가운 겨울 날씨를 포근히 감쌉니다. 클래식 악기로 연주되는 거리 예술가들의 신나는 캐럴도 크리스마스 분위기를 키우죠. 회전목마가 돌며 빛을 내는 가운데 신난 아이들과 스케이트를 타는 연인들을 보면, 괜히 마음이 설레고 따뜻해집니다. 동화 속 풍경이 현실이 되는 곳, 유럽의 겨울이 기다려집니다.

 더 깊이 보기

크리스마스로 불리는 소년
매트 헤이그 지음 / 미래엔아이세움 / ★★★

가난한 소년 니콜라스가 엘프 마을을 찾아 떠나는 여정 속에서 산타클로스로 거듭나는 이야기. 산타클로스의 시작을 따뜻하게 그린 판타지로, 같은 제목의 영화도 있어요.

 A Boy Called Christmas / Matt Haig / Yearling Books / ★★

크리스마스 캐럴
찰스 디킨스 지음 / 시공주니어 / ★★★

구두쇠 스크루지가 크리스마스 유령들과 만나 마음을 바꿔 가는 이야기예요. 1843년 출간 이후 지금까지 사랑받으며, 연극·영화로도 꾸준히 재탄생하는 크리스마스 대표 고전입니다. 같은 제목의 영화로도 만나 볼 수 있어요.

 A Christmas Carol / Charles Dickens / Aladdin / ★★★

유럽의 다양한 요리를 소개해요!

같은 유럽이지만 프랑스나 이탈리아는 고급 재료로 여러 코스에 걸쳐 즐기는 요리가 발달한 반면, 독일은 간단한 재료를 사용한 소박한 요리가 많습니다. 두 차례의 큰 전쟁을 겪으며 힘든 시기를 보낸 독일 사람들은 검소와 절약이 생활화되어 있어요. 그래서 한 접시에 소시지, 자우어크라우트, 감자, 빵 등을 한꺼번에 다 담아 남기지 않고 깨끗이 먹는 것을 좋아합니다.

독일에는 "사람은 빵만 먹고 살 수 없다. 반드시 소시지와 햄이 있어야 한다"라는 속담이 있습니다. 옛날 우리나라에서는 고기 다루는 사람을 천하게 여겼지만, 독일에서는 돼지를 능숙하게 잡고 다루는 사람들이 존경받았습니다. 이는 훌륭한 소시지를 만드는 기반이 되었지요. 독일의 소시지는 종류가 1000가지가 넘을 정도로 다양하답니다.

슈바인스학세 Schweinshaxe
독일 바이에른 지방의 요리로 바삭하게 구운 돼지 족발입니다. 슈바인schwein은 돼지, 학세haxe는 무릎을 의미하며, 족발과 비슷하지만 발 끝부분을 사용하지 않는다는 점이 달라요. 축제나 큰 행사에서 대표적으로 즐기는 음식입니다.

자우어크라우트 Sauerkraut
독일식 김치로 잘게 썬 양배추를 발효시켜 신맛이 나는 절임 요리입니다. 주로 소시지나 고기 요리에 곁들여 풍미를 더하는데 소화에도 도움을 줍니다.

슈니첼 Schnitzel
독일과 오스트리아의 대표 요리로, 얇게 저민 돼지고기나 송아지 고기에 빵가루를 입혀 튀긴 요리입니다. 레몬 조각과 감자 요리를 곁들이며, 우리나라에서 먹는 돈가스와 비슷해요.

카르토펠 클로세 Kartoffelklöße
감자를 으깨 만든 독일식 만두로, 주로 고기 요리에 곁들여 먹습니다. 부드럽고 쫄깃한 식감이 특징이에요.

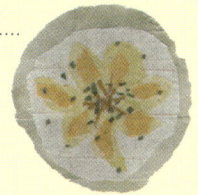

바이스부르스트 Weißwurst
독일 바이에른 지방에서 송아지 고기와 파슬리, 양파 등을 섞어 만든 흰색 소시지입니다. 뜨거운 물에 데쳐서 프레첼과 달콤한 머스터드를 곁들여 먹습니다.

쿠뤼부르스트 Currywurst
독일의 인기 길거리 음식으로, 구운 소시지를 잘라 카레 케첩 소스를 뿌려 먹는 요리입니다. 매콤한 소스와 풍부한 풍미가 특징이며, 주로 감자튀김이나 빵과 함께 먹습니다.

맥주 Bier
맥주의 본고장인 독일에는 다양한 종류의 맥주가 있습니다. 독일에서는 열네 살부터 맥주를 마실 수 있다고 해요.

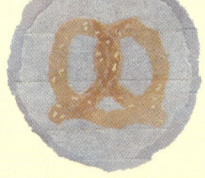

프레첼 Pretzel
독일의 전통 빵 프레첼은 겉은 바삭하고 속은 쫄깃합니다. 꼬인 모양은 아이들이 팔짱을 끼고 기도하는 모습을 본떠 만들었다고 해요. 소금이 뿌려져 있어 짭짤하며 주로 맥주와 함께 간식으로 즐깁니다.

쿠헨 Kuchen
독일어로 '케이크'를 의미하며, 독일과 오스트리아에서 즐겨 먹는 과자에 가까운 디저트입니다. 호밀, 과일, 치즈 등을 넣어 다양한 형태로 만드는데, 대표적으로 애플 쿠헨과 치즈 쿠헨이 있습니다.

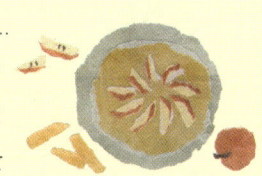

오스트리아 요리

오스트리아의 수도 빈에서는 19세기부터 20세기 초까지 많은 예술가, 철학자, 작가들이 카페에 모여 작품을 구상했습니다. "카페 하우스"라 부른 이 장소들은 인문학과 사회학의 꽃을 피웠으며, 유네스코는 이곳의 토론 문화 전통을 보전하기 위해 무형 문화유산으로 지정했어요.

빈의 카페는 '자허토르테'라는 초콜릿 케이크도 유명합니다. 1882년 오스트리아의 총리 메테르니히가 중요한 외교 연회를 위해 수석 요리사에게 "한 번 맛보면 잊을 수 없는 특별한 후식"을 준비하라고 지시했는데, 수석 요리사가 아파서 열여섯 살 수습생 프란츠 자허가 임무를 맡았습니다. 자허는 초콜릿을 두툼하게 입힌 케이크를 만들었어요. 당시 사람들은 초콜릿을 주로 음료로만 즐겼기 때문에 초콜릿 케이크는 손님들에게 큰 인상을 남겼습니다. 자허는 케이크의 이름을 자신의 이름을 따서 '자허토르테'라고 지었고, 오늘날까지도 빈에는 오리지널 자허토르테를 맛보려는 사람들이 북적인답니다.

자허토르테 *Sachertorte*
오스트리아의 전통 초콜릿 케이크로, 진한 초콜릿 케이크 사이에 살구 잼을 바르고 겉을 초콜릿으로 덮어 만든 디저트입니다. 휘핑 크림과 함께 제공되는 경우가 많아요.

아인슈페너 *Einspänner*
오스트리아 빈의 전통 커피로 진한 에스프레소 위에 휘핑 크림을 듬뿍 얹어 만들어요. 크림의 부드러움과 커피의 쌉싸름함이 조화를 이룹니다.

비너 슈니첼 Wiener Schnitzel
얇게 저민 송아지 고기나 돼지고기를 빵가루에 입혀 튀긴 오스트리아의 대표 요리입니다. 돈가스와 비슷하며, 주로 레몬 조각과 감자 샐러드 또는 으깬 감자를 곁들여 먹어요.

타펠슈피츠 Tafelspitz
오스트리아의 전통 요리로 소고기 안심을 채소와 함께 오래 끓여 만듭니다. 주로 감자, 당근, 사과 소스, 크림 시금치와 함께 먹고, 육수는 수프로 즐기기도 해요.

굴라시 Gulasch
매콤한 헝가리식 스튜 요리로 소고기, 양파, 파프리카, 토마토 등을 함께 푹 끓여 만듭니다. 국물이 진하고 고기는 부드러우며, 주로 빵이나 감자와 함께 먹어요.

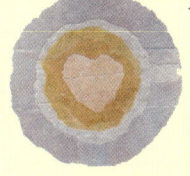

멜랑게 Melange
에스프레소에 따뜻한 우유와 우유 거품을 얹어 마시는 오스트리아의 전통 커피입니다. 더 부드럽고 크리미한 맛이 특징이에요.

카이제르슈마렌 Kaiserschmarrn
오스트리아의 전통 디저트로 두껍고 폭신한 팬케이크를 잘게 찢고 설탕을 뿌려 만듭니다. 건포도나 사과 소스와 함께 먹는 경우가 많고, 달콤하고 부드러운 맛이 특징이에요.

노케를 Nockerl
밀가루, 달걀, 우유를 섞어 만드는 작은 만두 요리입니다. 주로 수프에 넣어 먹으며, 부드럽고 촉촉한 식감이 특징이에요.

아펠슈트루델 Apfelstrudel
얇게 민 반죽 안에 얇게 썬 사과, 설탕, 시나몬, 건포도, 빵가루 등을 넣고 돌돌 말아 구운, 오스트리아의 전통 디저트입니다. 바닐라 소스나 아이스크림과 함께 즐겨요.

사진 및 도판 출처

24   © Colin/Wikimedia Commons
108 © Antoine Taveneaux/Wikimedia Commons
110 © Premeditated/Wikimedia Commons
118 © René Magritte / ADAGP, Paris - SACK, Seoul, 2025
132 © Trey Ratcliff
222 © fuji.tim

작자 미상 퍼블릭 도메인public domain인 도판과
저자가 직접 촬영한 사진의 저작권 표기는 생략합니다.